Reflexiones en el paisaje
Reflections in the landscape

Primera edición, 2021
First Edition, 2021
ISBN 978-607-9489-82-3

© Arquine, SA de CV
Ámsterdam 163 A
Colonia Hipódromo, 06100
Ciudad de México
arquine.com

Textos Texts
© Jimena Martignoni

Fotografías Photography

Español Spanish
© Teresa Moller 16, 21, 24, 27, 29, 32,
38, 42, 46, 48, 57, 65, 67, 70, 74, 75,
76, 83 (abajo), 84, 87, 95, 98.
© Estudio TMSA 19, 58, 62. © Camila
Vicari 35. © Cortesía de IGA 36.
© Chloe Humphreys 45, 73, 80, 83
(arriba), 92. © Paloma Stott 52, 55.
© Michael Humphreys 101.

Inglés English
© Jimena Martignoni 16, 27, 53, 54, 61,
71, 73 (bottom), 76, 79 (bottom).
© Teresa Moller 19, 24, 29, 32, 37, 40,
45, 48, 58, 62, 66, 69, 73 (top), 79 (top),
82, 88, 94, 97. © Chloe Humphreys
21, 43. © Estudio TMSA 35. © Paloma
Stott51. © Courtesy of IGA 91.

Dirección general Director
Miquel Adrià

Dirección editorial Editorial Director
Brenda Soto

Coordinación editorial
Editorial Manager
María Betina Rincón

Diseño editorial Editorial Design
Ápice | Maira Fragoso

Traducción Translation
Jimena Martignoni

**Corrección de estilo y lectura
de pruebas**
Copy Editing and Proofreading
Christian Mendoza, Fionn Petch

REFLEXIONES EN EL PAISAJE

TERESA MOLLER

Textos: Jimena Martignoni

ÍNDICE

Agradezco tener la oportunidad de compartir estas reflexiones que se han acumulado en mi alma durante años de trabajo, en asociación de mi *partner*: la naturaleza.

A lo largo de los trabajos realizados, me interesaron tantos temas y observaciones, que fueron quedando inscritos en expresiones de diseño transformados en gestos y detalles que dejaron sus huellas en los proyectos realizados.

Esas marcas son producto de las observaciones que han dado pie a las formas que mi trabajo ha ido tomando, así como a las palabras que en este libro lo explican.

Agradezco a Jimena, quien me acompañó y tradujo estos pensamientos y observaciones en palabras suaves y claras. Este trabajo se tejió en tiempos de vacíos e incertidumbre y, sin haberlo pensado, también nos llevó a nosotras a volver a lo esencial y a entender un poco más en dónde estamos, a dónde vamos; a recordarnos, de alguna manera, cuál es el sentido de nuestras vidas.

Agradezco a Miquel, quien también confió y, sin dudarlo, se sumó de forma a inmediata a esta aventura. También es alguien que generosamente ha apoyado mi trabajo desde los primeros tiempos, logrando hacer realidad este libro de una manera clara, bella y experta.

Agradezco a todas las personas que me han acompañado en esta historia. En el paisaje que, sin su apoyo, no se habría realizado. Pienso en todas las profesionales y maestros que pasaron por estas historias de belleza y esfuerzos para dejar una huella en nuestras tierras donde podemos estar y ser naturaleza.

Un abrazo para cada uno de los que tengan estas palabras en sus manos: ¡estoy agradecida de poderlas compartir!

Teresa Moller

DEAMBULANDO EL PAISAJE CON TERESA MOLLER: CONVERSACIONES Y REFLEXIONES

El paisaje que nos une

Conocí a Teresa Moller en el año 2007 cuando visitamos su proyecto en Punta Pite. Casi 15 años después, este trabajo suyo sigue representando uno de los diseños de arquitectura de paisaje más poéticos, respetuosos al tiempo que potentes, por su modo de convertirse en paisaje natural. Punta Pite es un referente en el diseño de paisajes no sólo de Latinoamérica sino del mundo.

En este sentido, debo decir que como escritora y curadora de proyectos de arquitectura del paisaje y diseño urbano, al conocer a un diseñador y acceder a su trabajo en una primera visita a uno de sus proyectos me he preguntado muchas veces cuán positivo puede ser el impacto inicial. Luego, al momento de recorrer el proyecto, aparece el pensamiento de cuánto puede durar su impresión en la retina, en la memoria o en el alma. Por supuesto, aún cuando sean excelentes o especiales, los trabajos no siempre son impactantes. En Punta Pite el proyecto no solamente lo es sino que queda definitivamente en la retina con una serie de imágenes que funden la roca con el mar, con detalles y piezas de piedra tallada que cosen un recorrido que no se olvida; entonces, claro, queda en la memoria como un momento en la vida donde uno conecta con la naturaleza y con uno mismo. Posteriormente, desafiando el paso del tiempo y también aquel pensamiento de quien aún no conoce el proyecto y solo fantasea y cuestiona sobre lo posible —habiendo ya impactado y quedado en la retina y en la memoria—, el diseño para Punta Pite permanece en el alma.

Con este potente proyecto y en aquel ya lejano 2007 se inició una relación con Teresa que nos llevó a visitar juntas muchos más de sus trabajos, localizados en diferentes regiones de Chile. Al borde del mar o en las llanuras del paisaje de estepa; en el bosque profundo de la Patagonia o frente a sus lagos; en los paisajes productivos del campo o en pequeños oasis dentro de la ciudad, nuestras visitas y viajes —siempre enmarcados por una cordillera fuerte que une y separa su país y el mío— forjaron un vínculo fuerte entre nuestros pensamientos y, sobre todo, entre la escritura y su gran trabajo como diseñadora de paisajes.

El paisaje que nos inspira

Así surgió "*Develando el Paisaje*", el libro que se publicó en 2011 con las editoriales Puro Chile y Hatje Cantz, y para el que continuamos el recorrido y la conversación sobre el paisaje y la vida. Estas conversaciones fueron más allá de las fronteras y del tiempo. En 2019, Teresa volvió a pensar en otro libro, uno que fuera un trabajo artesanal en el amplio sentido de la palabra. Ella quería poder hablar íntimamente de los proyectos, en especial de Pite, desmenuzarlos y contarlos dejando ideas e imágenes que pudieran inspirar a otros de manera simple aunque profunda. Nos encontramos en su casa frente al mar en donde no hay modo de evitar el color azul, nunca, porque cada ambiente y cada terraza, cada ventanal y cada rincón balconean hacia el océano infinito. El horizonte que para un habitante de la pampa argentina es siempre reconocido, horizontal y eterno para Teresa, como habitante del Chile montañoso, es lejano y huidizo. Sin embargo, en los acantilados donde se encuentra su casa, el horizonte es cercano y azul, es cautivante e imposible de olvidar, al igual que su proyecto en Punta Pite.

De regreso a Buenos Aires siguió evolucionando la idea de un nuevo libro, nuevos viajes y nuevas conversaciones a través de los caminos. Mientras tanto —porque estos proyectos maduran lento y decantan fuerte pero flexiblemente— cada una siguió con su trabajo y vida cotidiana.

El paisaje que nos desafía

Meses después, la vida cotidiana se transformó —fuerte e inflexiblemente— para nosotras y para todo el planeta. Pandemia.

Y no hacen falta otras palabras ni otras explicaciones ni más quejas ni dudas enunciadas y no respondidas para dejar claro cuán detenidas quedaron nuestras vidas y cuánto tuvimos que virar.

En los primeros meses la comunicación escaseó, por los diversos motivos que trae la vida en pandemia (su incertidumbre y, por qué no decirlo, su desánimo) hasta que, al iniciar 2021, reconectamos. La reconexión fue debido a la nominación de Teresa en 2020 para los *Global Award for Sustainable Architecture*, con base en París y patrocinados por la UNESCO, y a la inclusión de su trabajo en el libro *"250 Things a Landspace Architect Should know"*, editado por Birkhäuser y donde se encuentra entre los 50 arquitectos más reconocidos del mundo. Juntas retomamos el trabajo en los textos que describen, representan y dialogan sobre su obra. Volvieron las conversaciones y con ellas el espíritu de un nuevo trabajo escrito, una especie de "legado" basado en sus experiencias y aprendizajes al proyectar en y con el paisaje. Finalmente, la pandemia fue la tierra que permitió sembrar una nueva y desafiante semilla. Nos adaptamos, aceptamos el desafío y confiamos en una creación conjunta. Una vez más, Teresa confió en mi capacidad con las palabras y ambas confiamos en la idea de un contenido diverso, honesto, amoroso y respetuoso de todo lo que representa la idea de la Naturaleza en su obra.

El paisaje que se ofrece

Para lograr esto, durante cinco meses —tiempo largo para desarrollar un libro de este formato pero obligadas por la impuesta distancia— conversamos a través de las pantallas. Teresa en Santiago de Chile, yo en Buenos Aires. Planteamos temas, los ordenamos, los exploramos y, por supuesto, los relacionamos con sus proyectos más relevantes de entre los últimos 5 y 10 años. Pensamos que era bueno adentrarnos en ciertos aspectos esenciales del paisaje partiendo de sus proyectos, ilustrando así conceptos en vez de detallar y describir cada caso de diseño. En este proceso, Teresa permitió que salieran pequeñas historias que fueron parte del desarrollo de sus trabajos o detalles del proceso de cada uno, lo que otorgó mayor vida y fuerza a las palabras. Este modo de regalar ciertas experiencias, inspiraciones y momentos especiales es lo que construye un contenido particular y una forma de legado. Cada historia se acompañó de imágenes elegidas puntillosamente por ella, y luego definidas por ambas: imágenes de por sí sensibles y cargadas de belleza que llevan una porción muy real del paisaje que retratan.

Todo es parte de un mismo modo de mirar.

El paisaje que somos todos

Al final, si tuviera que definir qué es lo que mejor y más fielmente describe el modo de Teresa al pararse frente al paisaje y su deseo para con quienes lo experimentan y lo habitan, diría sin dudarlo dos cosas: su obsesión con conectar a la gente con la naturaleza y, para lograr este objetivo con sensibilidad, su obsesión con identificar la esencia del sitio al que intervendrá. Esto se puede encontrar fácilmente en las páginas subsiguientes al leer cada tema y adentrarse en los ejemplos de tantos de sus diseños. Sin embargo, puedo afirmarlo porque no solo estos cinco meses me ayudaron a conocer aun más profundamente su modo y su deseo para con el paisaje sino que Teresa me ha otorgado el título de su "traductora", hace tiempo y cada vez que hablamos. Un título que yo acepto entre risas pero que me deja con una gran responsabilidad y un trabajo fino entre manos. Con el objetivo de describir su trabajo pero manteniendo un tono despersonalizado se decidió que en cada tema no se la nombre continuamente ni que yo hable en primera persona y desde mi perspectiva sobre su trabajo. De manera valiente, se definió que cada apartado se presentaría como una invitación al lector hablando desde un *nosotros* neutral que busca, ante todo, dar protagonismo al paisaje.

La Tierra, el Agua, los Árboles, los Frutos, la Piedra: componentes fundamentales y materia prima. Después, los Recorridos, las Señales, la Esencia y el Silencio: posibilidades y atributos que, al ser tomados en cuenta en el diseño, generan un paisaje sublime. Por último, se tiene una breve reflexión sobre la naturaleza humana, una invitación a sabernos parte de un universo infinito de modo tan vital como lo son también la tierra y el agua. Un derecho y una obligación que ambas creemos todos debemos tomar en el presente, para hacernos conscientes y "ser Naturaleza".

Los trabajos de Teresa Moller, tanto en Chile como en otros lejanos lugares a donde se la ha invitado especialmente a participar, quedan en la retina y en la memoria.

El retrato de muchos de estos trabajos se hace aquí con 10 temas concretos y poéticos. Recorriéndolos, es posible identificar ideas, mensajes, propuestas e, incluso, preguntas o cuestiones a resolver. El objetivo final de Teresa y de estos textos no es un punto inamovible al cual llegar o una idea predeterminada a la que atenerse, sino un andar libre, instintivo y en conexión con los elementos de la Naturaleza.

Así, con este modo y esta cadencia, es posible leer y atravesar los capítulos de este libro: sea del modo tradicional, uno tras otro, o yendo tres capítulos después, o dos hacia atrás, eligiendo los temas en libertad y conectándolos con un hilo conductor propio pero flexible: haciendo camino al leer...

Las reflexiones aquí dejadas son un simple y sereno deambular por el paisaje y, de algún modo, una invitación a seguir este ritmo y a permanecer siempre en este modo de búsqueda y aprendizaje constantes.

TIERRA

La tierra es una existencia generosa.
La tierra se entrega pasivamente, dejando que
el surco de agua corra a través suyo y que la
semilla se adentre y se abra con vida. La tierra
se deja cuidar y quiere ser cuidada.

Si miramos a la tierra como oportunidad para generar vida, entonces preservarla es natural. Su carácter y su forma son el resultado de ciclos y procesos singulares que conforman una historia única; si los alteramos, suceden cosas a veces imposibles de prever. La tierra es un componente vital de un sistema del que somos parte hombres y mujeres.

Entonces, surge una pregunta universal de hoy y del origen de los tiempos: ¿cómo nos paramos ante ella, como diseñadores y modificadores del paisaje? ¿Cómo tocamos a la tierra? Y la respuesta anida en ella misma; en ese carácter y en esa forma, en su reconocimiento y en su puesta en valor, en la observación profunda de lo que existe y su utilización como punto de partida de cualquier trazado. Una vez que recogemos todas las características propias del sitio, de una región y de un sistema, podemos animarnos a tocarla, primero y siempre con la geometría más simple y menos intrusiva, la línea como trazo fundamental.

Si intentamos visualizar nuestro proyecto desde el aire e imaginamos cómo puede caminarse y experimentarse sin perder sus cualidades propias y originales, entonces aparece naturalmente una necesidad de apenas tocar al paisaje, o bien, tocarlo con cuidado creando marcas, refugios y miradores que sutilmente ayuden e inviten a quien lo recorre, a saber más de ese lugar y de esa tierra única y vulnerable.

En Chile, la topografía montañosa, de quebradas que descienden de los cerros y buscan al océano como último sitio en donde encontrar el horizonte, ha sido y es siempre la presencia a rescatar a favor de cualquier obra en el paisaje. Los modos para tocar la tierra en Chile se definen según sus formas rugosas, rebeldes y misteriosas.

Es la especificidad y la esencia de un lugar lo que nos proveerá de la inspiración más confiable para nuestras propuestas. Estemos despiertos.

Hay dos posibles descripciones o dos cualidades de la tierra que podemos identificar como esenciales: la tierra con su valor *per se*, como dadora de vida; y la tierra como soporte. Así como para el pintor, el soporte es el lienzo vacío que se debe llenar o intervenir con materiales y colores que crean algo nuevo, la tierra es un soporte donde se puede presentar, componer y construir con materiales diversos.

En esa pregunta universal que nos lleva a pensar cómo tocar la tierra aparecen ciertos trazados, objetos, señales y composiciones que pueden marcar itinerarios o lugares de descanso, contemplación o reunión.

A su vez, este soporte es un "contenedor" de vida, lo que vuelve a la primera cualidad de la tierra y la refuerza: una especie de útero con el que se puede interactuar, potenciando su desarrollo y producción natural, para permitir y potenciar que se desarrolle y produzca naturalmente al tiempo que se le interviene.

En cada lugar, la tierra tiene determinadas características y cualidades no sólo en cuanto a formas sino también en composición, lo que plantea posibilidades diversas, algunas con una mayor capacidad para la creación de vida. Aquí, surge otro cuestionamiento fundamental, especialmente en tiempos de gran consciencia sobre lo mucho que debemos cambiar nuestros modelos de intervención y de interacción con la Tierra en su acepción más amplia: como un planeta único que es un gran contenedor de vida.

¿Cuál es la delgada línea que distingue una intervención —tomando en cuenta cualquier tipo de gasto energético para por ejemplo crear mejores condiciones de producción— y aceptar limitaciones que implican la imposibilidad de dar respuesta a necesidades puntuales, también vitales? En Calama, un pueblo minero localizado en la región más árida de Chile y de toda América, la necesidad básica era la creación de espacios de sombra y de vida para los habitantes, limitados a un escenario parco, duro y estéril, con condiciones climáticas extremas. Este pueblo es base de la economía de Chile y sus habitantes son engranes clave de un sistema del que dependemos, al día de hoy, otros millones. Para poder crear un parque adyacente que bordee todo el perímetro del pueblo, con árboles y senderos, la tierra necesitaba ser complementada con otra de mayor calidad vegetal proveniente de otras regiones productivas de Chile. Los traslados implican un costo energético pero el beneficio es un área verde y de sombra que los habitantes disfrutan y a la que pertenecen y cuidan. Por supuesto, las especies requieren el mínimo de agua y el sistema de riego es la base de un diseño estratégico y sustentable en su máxima expresión.

La tierra brinda lo que puede pero igualmente se adapta y se enriquece. Debemos saber cuál es la ecuación costo-beneficio y conocer las cualidades de cada tierra. Nos adaptamos o ella se adapta y se transforma, allí cuando el cambio posee un gran sentido y cuando el pensamiento detrás de cada decisión ha sido responsable.

Respecto a las formas de la tierra,
la topografía original y definitoria de algunos
lugares podría considerarse más una
oportunidad que un obstáculo. En Chile,
las quebradas son formas de la tierra que
definen un paisaje particular al igual
que lugares donde se puede encontrar
un silencio sagrado.

Los bosques, igual de silenciosos y en su mayoría milenarios, a veces ocultan esas formas. Es un maravilloso regalo poder exponer la topografía, previamente reconocida, dentro del bosque. La topografía es un dato y es un juego, porque también se trata de jugar.

En Kawelluco, una casa-refugio escondida en los bosques patagónicos de Pucón, una canaleta de agua construida con troncos atraviesa gran parte de la longitud total del lote, con el objetivo de marcar las diferentes alturas existentes del terreno.

Cada pilar construido con troncos cubre la altura desde la canaleta de agua hasta un determinado punto en el terreno; al variar el terreno mientras desciende a través de onduladas formas femeninas, varían las alturas de los pilares. El punto más bajo —o la última altura a demarcar— es una línea de agua vertical que cae de manera constante y llega a la tierra. El sonido del agua genera otra marca, líquida y sutil aunque tangible y potente. Cuando toca el suelo, el agua pierde su esencia visual y material: se vuelve tierra y venera la tierra quien, agradecida, le devuelve más vida.

Es el ciclo eterno de la tierra y el agua. Tierra... Agua... Tierra... Agua.

AGUA

En Chile, la cordillera de los Andes es el refugio del agua. Ahí se guarda en forma de nieve para entregarse después en la estación seca del verano. La geografía del país define la forma en que el agua se distribuye: la cordillera y el mar están en un espacio muy acotado y son las quebradas —con su imagen de paso estrecho— las que conectan la una con el otro, en un ciclo continuo que debemos preservar.

En su inmensidad, el océano nos habla del agua como máxima expresión de vida, un todo salvaje y misterioso que remite al origen de todo. El agua rige y regula procesos naturales que son esenciales para la vida del planeta, la cual no existiría sin ella. Todos estamos hechos de agua, todos somos seres de agua.

El agua es cambio, movimiento, expansión y belleza. El agua es vida que trae vida.

Cuando comenzamos un proyecto, la primera pregunta y la más pertinente como primer paso para el conocimiento de un sitio, es "¿de cuánta agua disponemos?", porque la disponibilidad del agua es el factor predeterminante más importante tanto en el proceso inicial de definición como en el desarrollo posterior de cualquier propuesta. La cantidad de agua disponible define cuánta vida podemos traer o cuidar en un lugar. Del mismo modo que en una región la geografía original define la distribución del agua, en un proyecto la distribución del agua define sus características primarias. En cualquier caso, el agua es lo que define la posibilidad de la vida: cuál será y cuánta se puede generar.

En este sentido, el almacenamiento del agua para el riego del sitio es determinante. Y cuando el objeto que almacena, contiene y retiene posee valor visual y estético, el proyecto no sólo tiene sentido sino que inspira y armoniza a quienes lo viven o recorren. El valor funcional del agua precede a la forma y la forma como catalizador de belleza agrega un valor espiritual al proyecto.

Los círculos contenedores de agua en proyectos como Lo Curro, Villarrica y Casablanca devienen en superficies que reflejan los árboles y la luz que los atraviesa, así como el cielo y todo elemento que da vida al sitio. Construidas en piedra local, estas fuentes de riego se alimentan de agua pluvial y del sitio. Sentarse en su borde o caminar alrededor son actos espontáneos que responden a la atracción del agua, su poder y su paz, permitiendo la contemplación y la pertenencia.

El agua armoniza. El agua equilibra. Su poder nace por la facultad inherente que tiene para que se desarrolle la vida y también de su presencia visual y auditiva, potente aunque versátil. Y, sobre todo, nace de su capacidad de ser ausencia: a través de sus ciclos, el agua va y viene, falta y vuelve.

La fluctuación de las lluvias —o la calidad poética de ser ausencia o presencia en un lugar determinado— aporta en el paisaje un contexto dinámico, de cambio, de sorpresa, de misterio y de juego.

En el proyecto de Punta Pite, en Zapallar, frente al océano Pacífico, la punta del terreno se convirtió en un pequeño parque cuya contribución más especial para el visitante es la posibilidad de contemplar el mar y sus caprichos, con una cercanía que es inquietante por ser tan íntima. En este punto exacto, existía una excavación cuyo origen y uso no se han comprobado fielmente[1], pero aún sin la precisión de la historia, la energía del pasado vive en el sitio y reclama o invita a dejar una marca. Una escultura de piedra local que recoge el agua de lluvia casi como

[1] Las "leyendas" locales explican que pudo ser un conchal donde los pescadores acopiaban su pesca, o bien, un sitio de observación y apoyo de armas con objetivos de defensa del territorio.

un objeto sacro que honra un espacio tan significativo. Además, aparece el contraste y la combinación de una pequeña muestra de agua, recogida en una pieza escultórica simple aunque exquisita, enmarcada con la presencia de agua más grande que pueda existir. Una y otro son parte de una misma imagen y una misma composición donde figura y fondo se atraen y se diferencian, se complementan y se definen, siempre respectivamente.

El agua (incluso caprichosa) que queda retenida sobre la pequeña hondonada, consecuencia de aquella antigua excavación, es una tercera variante visual, la cual forma parte de una única composición.

La combinación de las aguas que definen al sitio se transforma en algo cercano a un rito: si llueve, el agua presente se hace espejo y signo de abundancia; si no llueve, cobran protagonismo la piedra vacía y la tierra seca, como manos abiertas y expectantes a la próxima caída. La composición no es solamente la marca de un pasado particular sino una conversación con el paisaje natural y, sobre todo, un reflejo de los ciclos naturales del agua. A su vez, el diseño se completa con y por ellos: sin la presencia o la ausencia del agua, la escultura y la marca no tienen igual interés ni exponen igual belleza.

En su valor visual más elevado, el agua es el soporte físico de ciertos lugares; es marco o centro, borde o elemento que atraviesa, pero siempre alberga un sentido e implica un protagonismo que el proyecto debe venerar y potenciar. Por esta razón, cuando por diversos motivos el agua queda visualmente relegada e incluso ignorada, volverla el foco de atención agrega un valor supremo.

El agua une y calma. Su significado espiritual y su capacidad de generar estados de ánimo o de producir emociones positivas y terapéuticas garantizan una conexión íntima con la naturaleza.

En Venecia, donde el agua es el centro de la vida de todo y de todos, y se encuentra en su máxima expresión urbana, se presentó y construyó un proyecto de paisaje para la Bienal de Arquitectura de 2016. En un evento internacional en el cual, tanto quienes exponen como quienes visitan, quedan diariamente envueltos en un frenesí de muestras de diseño y construcciones de singular belleza que atrapan y llevan el foco a lo puramente museográfico, el objetivo y el deseo de la propuesta fue devolver la atención al "afuera", sacando a todos esos amantes de los espacios bellos para regresarlos al espacio más imponente: el espejo de agua del *Arsenale di Venezia*. Para esto, se propuso una serie de piezas que sirvieran como lugares de estar o superficies para recostarse individual o grupalmente, brindando la posibilidad de reconectar con el lugar

y de preservar un momento de tranquilidad frente al agua, para detenerse y flotar dentro del paisaje.

Las piezas son cortes naturales y remanentes de mármol travertino traídos desde canteras remotas en el norte de Chile. Se disponen en grupos siguiendo las líneas del borde urbano sobre el agua y ofreciendo, de este modo, el mayor contacto posible con la masa líquida y a lo largo de la mayor superficie del sitio.

Titulada *"Catch the Landscape!"*, la muestra fue elegida por la Bienal para quedar en el sitio de modo permanente como parte inseparable del entorno y a modo de mobiliario exterior. La idea de "pescar" el paisaje, retenerlo en la retina y en el alma para hacerse parte del mismo, descansando e internalizando toda la belleza percibida y recibida en la muestra, nació de una primera imagen tomada en el borde del agua durante el reconocimiento del lugar: un pescador solitario, único, conectado realmente con el paisaje existente.

"Pescar el paisaje" es una invitación a reconectar con el tiempo que posee y ofrece el agua; con sus sonidos y sus silencios y, sobre todo, con su calidad de elemento vital y su mensaje de armonía.

ÁRBOLES

El árbol es una de las expresiones de la naturaleza más fundamentales y con mayor beneficio para la humanidad. Estamos vivos porque existen los árboles.

El oxígeno que nos regalan y respiramos es el resultado del proceso generoso y vital de su propia respiración, con la que se capta el dióxido de carbono. Junto al fruto fresco que nos alimenta, el oxígeno es uno de sus productos más esenciales e irreemplazables para la vida del hombre. Los colores y texturas de los árboles transforman nuestros pensamientos y nos elevan.

Desde el principio de la historia de las civilizaciones, la idea del jardín y el parque —los espacios verdes que ofrecen sombra y ambiente para el reposo con frutos que representan abundancia, salud y color— ha sido esencial para el desarrollo positivo de la vida. En la diversidad de paisajes de nuestro planeta, bajo variadas condiciones climáticas y geográficas, son los árboles los que conforman, estructuran y permiten la idea de "refugio" en la naturaleza. En la actualidad, en un planeta cuya superficie está mayormente cubierta por grandes centros urbanos o por tierra urbanizada, desconectada de la naturaleza, los árboles simbolizan la posibilidad de la reconexión, de volver a experimentar ser parte del todo. La copa de un árbol que se asoma al balcón de un apartamento, en cualquier ciudad, otorga al habitante urbano otra manera de empezar el día y otro modo de hacerse parte de los cambios estacionales, acurrucándose a la sombra de las ramas y hojas que por azar tocan su pequeño oasis personal.

Lo que los árboles ofrecen en un entorno urbano —además, por supuesto, de todas las cualidades positivas para el medio ambiente, en relación a la regulación de temperaturas, beneficio para la biodiversidad autóctona y liberación del oxígeno esencial— es la idea de *bienestar*. La conexión con la naturaleza; la idea de sanación, sanidad y protección; y la sensación de refugio que los árboles ofrecen son valores que los habitantes de la ciudad a veces damos por garantizados y olvidamos.

Necesitamos ser y permanecer siempre conscientes del valor de cada árbol, en cada ciudad y en cada espacio verde, sea éste nuestro pequeño jardín doméstico o el bosque profundo.

Como diseñadores del paisaje, a veces olvidamos que un grupo de árboles es un recurso más que suficiente y un regalo simplemente maravilloso para quien visita un parque. Si para diseñar solamente tuviéramos que valernos de árboles, no nos faltaría nada para estar en perfecta sintonía con la naturaleza y para crear la experiencia de sumergirnos en ella, sanar, renovarnos y estar en calma.

En conjunto, los árboles no sólo tienen mecanismos ocultos y misteriosos para conectarse entre ellos, sino que exhalan una inigualable cualidad visual de belleza y un excepcional ejemplo de adaptación durante el proceso de estar vivos. Si nos acercamos, miramos, conocemos, amamos y cuidamos a los árboles, tendremos un mejor planeta donde habitar.

Las estaciones, los ciclos, el movimiento constante, los cambios y los procesos están representados en los árboles como seres vivos al tiempo que conforman su esencia. Experimentar las formas, los colores, las texturas, las sombras y los rayos de luz que atraviesan el follaje es el regalo que podemos ofrecer al habitante urbano cuando creamos un espacio con árboles.

"*Being Under the Trees*" es el nombre de una instalación permanente en un importante parque de la ciudad de Berlín, Alemania, el cual dedica gran parte de su superficie a la exposición de especies y diseños que representan diferentes regiones del mundo. La Exhibición Internacional de Jardines (IGA) de 2017 incorporó

nueve espacios o *cabinets*, a modo de *stands* cerrados con cercos vivos, entre los cuales figura Chile. Con el objetivo de acercar el visitante a la experiencia de la naturaleza y especialmente a la del bosque de árboles —su calma y su paz— el diseño recrea un bosque del sur de Chile con una especie altamente representativa de las latitudes meridionales del planeta que también crece perfectamente bajo las condiciones climáticas de Berlín. El Nothofagus Antártica, localmente conocido como Ñire, es un árbol milenario y sobreviviente de condiciones extremas. Su patrón de distribución a través del sur del Océano Pacífico sugiere que su historia se remonta a tiempos en los que la Antártida, Australia, Nueva Zelanda y Sudamérica constituían una sola masa de tierra. Su belleza y su fuerza para seguir creciendo son muy significativas en el universo de los árboles y su estructura intrincada es un signo de adaptación a las dificultades, al igual que su madera dura. Visualmente, el Nothofagus expone una elegancia absoluta y la cubierta natural de sus copas es el refugio ideal para sentarse a descansar y relajarse en la sombra durante el verano. En invierno sus elegantes ramas dan paso a la cálida luz del sol y en otoño los colores rojizos inundan el espacio.

Este diseño establece un punto de contacto entre regiones diversas del planeta y refiere a una historia antiquísima, para luego traernos de nuevo al presente por medio de la simple experiencia de estar y quedarse bajo los árboles. A través de la geometría que rige el diseño del pavimento —construido con mármol travertino de las canteras en el norte de Chile— se establece un orden: el visitante puede sentarse o recorrer el espacio sabiéndose contenido al tiempo que libre y conectado con la más sabia expresión de la naturaleza.

La calidad de refugio que proveen los árboles en el entorno urbano se puede entender muy bien en el proyecto para el campus del Laboratorio Novartis en Shanghái, China. Enmarcados en un conjunto de edificios de escala imponente, cuatro patios interiores de diferentes tamaños fueron el objeto de un diseño que planteara lugares de descanso y encuentro, a modo de pequeños oasis.

En esta propuesta, la decisión más importante fue la de incorporar especies nativas y de gran significado local, ya que para la sociedad china la idea de la naturaleza históricamente ha sido de gran relevancia tanto en su vida cotidiana como en su filosofía milenaria. El contacto de la gente con los árboles y la naturaleza es íntimo y especial.

Tres de los jardines interiores corresponden al proyecto del arquitecto chino Zhang Ke; el cuarto corresponde al proyecto del arquitecto chileno Alejandro Aravena. Cada uno fue plantado con una única especie conformando una serie de bosquecitos con identidad propia y diferenciable. Para el primer proyecto: el jardín de los Magnolios (*Magnolia Soulangeana*), el jardín de las Zelkovas (*Ulmus parvifolia* u Olmo Chino) y el jardín del Bambú; para el proyecto de Aravena se llevó a cabo una plantación de Metasequoia glyptostroboides, un árbol profundamente reconocido como parte de la cultura y símbolo del paisaje de Shanghái.

Todas las especies elegidas son caducas —con excepción del bambú cuya estructura liviana genera una textura muy transparente—, para que en invierno la luz del sol aporte su calidez en cada claustro e invite a quienes trabajan en los edificios a acercarse y tomarse un momento de conexión con la naturaleza. En China, el magnolio es muy venerado por su manifestación intensa de color que se repite cada año y su imagen de poesía y belleza. La metasequoia, por otro lado, es un árbol de escala majestuosa y estructura esbelta con agujas que se elevan al cielo y conllevan

un carácter espiritual. Considerada extinta hace unos ochenta años, esta especie fue redescubierta y sus semillas distribuidas en arboretos y viveros experimentales, como resultado de una expedición financiada por el Arnold Arboretum de la Universidad de Harvard en 1948. En Novartis, el conjunto de metasequoias plantadas en el sitio se conecta visualmente con las plantadas en las calles circundantes, completando el paisaje urbano inmediato y haciendo referencia a la identidad local.

En todos los casos los árboles que se plantaron son de gran tamaño, provenientes de viveros locales, implicando un trabajo de ingeniería del detalle para su plantación. Bloques de piedra y de madera, referentes de materiales e historias locales, ofrecen superficies de apoyo a modo de mobiliario para la contemplación y la reunión. Cada espacio es una posibilidad única de experimentar la calma y la paz de un pequeño bosque.

FRUTOS

El proceso de una flor transformándose en fruto es sorprendente, del mismo modo que el de una semilla transformándose en árbol. Así, continuamente, el ciclo de la vida es uno que nos maravilla. Por eso, el contacto con la magia y con el misterio de los procesos de la naturaleza se materializa con claridad y belleza a través de los paisajes de producción.

La oportunidad de experimentar y cuidar la tierra y sus frutos tiene, en un presente de fuerte desconexión con lo natural, un valor casi sagrado. Una plantación de árboles frutales, una de viñedos o una de maíz nos invitan a sentirnos parte de la naturaleza de un modo intenso: ya no se trata de un hecho puramente visual sino de una experiencia integral que implica cuidar para saborear y, sobre todo, para alimentarnos y vivir con base en su producción. Alimento del cuerpo y del alma, que son una misma cosa.

El paisaje de producción icónico es el de las grandes extensiones, donde incontables hileras de árboles o plantas se repiten y se multiplican eternamente. Sin embargo, es posible llevar una porción de tierra, pequeña pero única, al habitante urbano. La Mariposa, en Santiago de Chile, es un centro de producción de pequeña escala pensado para atender la necesidad de cultivar tierra propia y de acceder a un fruto cuidado personalmente, en la ciudad. En este sentido, se iguala aquel paisaje de enormes dimensiones con la pequeña huerta urbana o el conjunto de macetas agrupadas en una cocina: en todos y en cada uno está presente la idea de producción y, con ella, la posibilidad de experimentar el cuidado de los frutos, cualquiera que sea la cantidad, la variedad o el tamaño.

El objetivo de producir alimento u otros cultivos con fines utilitarios para el hombre determina el carácter funcional de un paisaje de producción. Sin embargo, estos paisajes regalan una imagen estética y visualmente bella que los particulariza. La belleza en un diseño de paisaje es la resultante de tomar buenas decisiones en conjunto, basadas en el manejo y en el conocimiento del sitio así como de las plantas y sus ciclos. La variación de colores de cada cepa en una plantación de viñedos, por ejemplo, es un dato esencial para generar agrupaciones cromáticas, o la preferencia del olivo y la lavanda por el mismo clima es un dato esencial para combinar sus texturas grises. No obstante, en cada uno de estos casos es la producción lo que prima en el proyecto y lo que termina definiendo el paisaje como entidad con características propias.

El paisaje productivo tiene un valor propio que se relaciona no solamente con la generación del alimento sino con la posibilidad tangible y directa de confirmarnos parte de la naturaleza. El sabor, la fragancia y la textura de un fruto nos devuelven a la vida.

En el valle de Casablanca, perteneciente a la Cordillera de la Costa, se localiza un proyecto donde la producción agrícola define el patrón de diseño y de belleza.

Mayormente dedicado a la plantación de viñedos de variedades diferentes, con un porcentaje menor dedicado a olivos y lavandas, el sitio se caracteriza por una continua sucesión de situaciones marcadas por los ciclos de siembra y cosecha de cada una de las especies. Con base en los cambios propios de la naturaleza y las posibilidades que brindan sus estaciones —emulando los actos de una ópera o las partes de una obra teatral, que se suceden para contar una historia— se intenta generar un atractivo permanente. En invierno queda desnuda y expuesta la estructura transparente de las vides; en primavera y verano, comienzan los brotes verdes junto a la floración de las lavandas con sus mantos de color gris azulado; en el otoño, la coloración de las hojas de los viñedos vuelve a cambiar, virando al rojo, ocre y dorado, con lo que llega la cosecha de las uvas.

La decisión de generar diferentes superficies de color durante el otoño tiene que ver, primeramente, con la variedad de uva que quería obtenerse en mayor cantidad. Con el 85% de la plantación destinada a la producción de uvas Sauvignon Blanc, el color amarillo prevalece en el sitio y, enmarcando las áreas cercanas a la casa, se destacan los tonos rojizos de las uvas Merlot y Pinot Noir. En un trabajo asociado con el agrónomo especialista en viñedos, se trabajó con muestrarios de color basados en los diferentes tipos de cepa, con lo que se utilizó la propia belleza de la plantación para mostrar un lugar que se pudiera recorrer y contemplar, diverso y a la vez reconocible. En el área plantada con olivos y lavandas se incorporan senderos peatonales que brindan la posibilidad de recorrer el suelo cultivado. Enmarcado dentro de un paisaje de pastos y floración silvestre, este sistema de plantación y recorridos acerca la experiencia de la tierra y sus frutos, sus colores y sus tiempos.

De este modo, la fórmula agrícola define el patrón de belleza y la imagen visual refuerza la decisión agrícola, en una relación de mutualismo entre producción y valor estético.

Al mismo tiempo, a esta relación dada entre lo puramente agrícola y su propia capacidad de crear imágenes visuales sublimes, se agrega otro componente que remite a la idea del jardín doméstico o del que invita simplemente a estar bajo los árboles, reunirse o deambular: una trama conformada con los antiguos árboles nativos preexistentes en el sitio, complementaria a la de la plantación de viñedos. Ahí donde habían maitenes (*Maytenus boaria*) se crearon espacios con el césped cortado que ofrecen grupos de mesas y bancos, construidos con madera reutilizada.

Pasear, recostarse, trabajar la tierra y regarla son actos posibles y necesarios.

El punto intermedio en el pasaje de escalas del paisaje de producción, desde las plantaciones de gran magnitud para uso comercial a la pequeña producción en una terraza o cocina urbana, se puede demostrar con el proyecto en Pirque: un paisaje semi-agrícola que combina y familiariza un jardín tradicional ornamental con uno de producción doméstica.

Localizado muy cerca de Santiago de Chile en un contexto rural, este proyecto retrata la idea del paisaje productivo de escala familiar mediante un huerto plantado puramente con árboles frutales: hileras de pomelos, naranjos, mandarinos, limoneros, manzanos, perales, duraznos e higueras ofrecen a los integrantes de la familia y a quienes los visitan la posibilidad de cuidar, observar, cosechar y saborear los frutos.

En este caso, las líneas que definen la plantación —y que en un paisaje no doméstico conformarían una grilla cerrada—, se repiten dejando "corredores caminables". Estos espacios lineares permiten la circulación y el recorrido tanto a pie como en bicicleta, lo que construye un paisaje posible para niños y familia, y que se define con franjas de pastos altos. De este modo, se alternan las franjas de césped para caminar y las de gramíneas sin cortar, que además alivian el trabajo de mantenimiento. Entonces, la idea del límite se trata también como posibilidad de belleza. Los tonos dorados y verdes de los pastos ornamentales se potencian y combinan con los colores de los frutos, la estructura de los árboles y las superficies naturales del cerro distante.

Siguiendo la huella de un canal que delimita el lote, se construyó un cerco con los troncos sobrantes de la poda de los nogales vecinos, solicitados al comenzar el proyecto. Especialmente diseñada y construida a mano, esta pieza constituye no solamente un límite concreto sino una importante marca en el paisaje, apareciendo en diferentes bordes y niveles del terreno, repitiéndose

y reflejándose. Así, cada elemento de la naturaleza es tratado como un objeto de calidad artística, con lo que se aporta una imagen cuidada y amable que genera una conexión profunda con el entorno y con la posibilidad de experimentar el proceso de la tierra y sus frutos.

La oportunidad de cuidar un producto natural y de hacernos conscientes del valor de la alimentación nos enriquece y gratifica, nos educa y nos regala proximidad al significado de la vida.

Los frutos son regalos tanto para nuestro cuerpo como para nuestra alma, cada uno de ellos y en conjunto. Nos recuerdan de qué estamos hechos y cuánto vale la tierra. Nos envuelven en sabores, texturas, imágenes y fragancias y, por ende, nos mantienen vivos.

PIEDRA

PIEDRA

La piedra es un material noble cuya imagen y utilización remiten a la solidez y a la permanencia, a lo inamovible y lo eterno.

Su origen y esencia —el de la roca como elemento mineral "en bruto" que luego se procesa, se pule o se trabaja— remiten a la composición fundamental de la superficie continental de nuestro planeta y, por ende, a ciclos y dimensiones temporales que exceden nuestra capacidad humana de consciencia, percepción y experiencia. Hay una calidad metafórica de sabiduría y de sosiego en la piedra y es por eso que su imagen y su tacto nos conmueven, nos infunden respeto y nos resguardan.

Frente a nuestra corta temporalidad en la Tierra, la piedra resulta eterna, aun sin serlo. Su ciclo de vida nos habla de otros lapsos, otros silencios, otras esperas. Y entonces nos posiciona de modo diferente en nuestro andar acelerado y fugaz.

En Chile, la roca es un elemento siempre presente, tanto en la cordillera como en los bordes del mar. El contacto íntimo con ella y con el paisaje que conforma deviene identidad y familiaridad, identificación y vínculo. Para los proyectos en Italia —la Bienal de Venecia, 2016— y en Alemania —la Exhibición Internacional de Jardines en Berlín, 2017— se utilizó mármol travertino extraído de canteras en el norte de Chile cuyo descubrimiento es relativamente reciente (no más de 20 años). En ambos casos, cumpliendo con los requerimientos propios de cada comitente, se enviaron las piezas ya cortadas y seleccionadas y viajaron en barco desde el nuevo al viejo continente. Estos cortes de piedra blanca representan el paisaje de un desierto lejano, su dureza, sus fallas y su historia preciosa de tan rudimentaria.

En representación de otro tipo de piedra, el proyecto en China incorpora cuatro bloques macizos de granito local que conforman, unidos, superficies de apoyo para usarse como mesa o como bancos. En este sitio en donde se ha diseñado un bosquecito con enormes especies de metasequoias, como patio de un imponente edificio, la piedra se ofrece como contrapunto a lo que nace y muere: lo inamovible y lo permanente, lo que soporta y lo que contiene. La piedra como centro gravitacional potente y como referencia de lo definitivo.

En cada diseño de paisaje, los materiales son elecciones esenciales que completan y complementan la presencia vegetal y de vida. Dentro del rango de posibilidades, la piedra es un elemento cuya presencia marca y define el espacio y la experiencia del mismo, con una combinación única de fuerza y reposo.

La elección del travertino chileno como parte de una composición artística en el paisaje italiano implica una decisión sutil pero definitiva: allí donde el mármol ha sido y ha hecho historia, ha sido y es identidad —arquitectura, arte, ciudad y vida diaria—, se trae y se expone un mármol importado desde un país de la lejana Sudamérica.

Cientos de años de piedra blanca enmarcan y respaldan una historia de piedra recientemente descubierta y, en contraposición humilde aunque a modo de comunicación entre pares, la piedra "nueva" se hace un lugar, se despliega con la potencia de la juventud y se acomoda sin esfuerzo porque se sabe familiar, reconocida y aceptada.

La decisión es sutil porque asume y venera que en Italia el mármol blanco es un atributo, y también es definitiva porque a través de esta "otra" piedra establece y define la huella de un Chile muy distante pero muy presente.

Las piezas para la Bienal de Venecia 2016, se eligieron personalmente en la cantera localizada en el desierto de Calama. A partir de una decena de grandes bloques que se extraen del suelo con antiguas máquinas que hacen el proceso aún más emotivo, se cortaron todas las piezas cuya medida mandante fue el

alto de 60 centímetros para poder generar lugares en donde sentarse. Las piezas no se pulen ni se cortan de modo exacto ni con
geometrías puras. Al contrario, se dejan con sus "impurezas",
sus marcas y sus cicatrices, reflejos de los procesos de la extrac-
ción y del corte. Apoyadas en unos pequeños tacos de madera,

ya en suelo veneciano y al borde del agua, creando un frente de conexión con la naturaleza, las piedras se posicionan en aparente desorden y sin embargo con una planificación exhaustiva. El visitante atento y curioso puede identificar un número tallado en cada pieza. Estos números aportan un orden silencioso y remiten a la idea de "familia" o grupo de piedras, ya que señalan que de cada bloque se cortó una cantidad posible de piezas. Así, se establece la posibilidad de rastreo del origen y de la eventual reconstitución de las formas.

El travertino chileno se expone en Venecia en todas sus posibles texturas y diversas posibilidades de expresión: pulido, cortado, cortado al agua, cortado a la veta, rústico o quebrado. Puro, desnudo, estoico, rebelde.

Al final, el diseño para la Bienal ha sido la excusa más honesta para dar a conocer el mármol chileno en la región occidental más profundamente identificada con la piedra blanca, incorporándolo naturalmente y haciéndolo parte del sitio a través de un diálogo inclusivo y cuidadoso. Los dejos de capricho y rebeldía, propios de lo joven y lo nuevo, son concesiones y licencias poéticas que refuerzan de manera despreocupada a la belleza.

En Punta Pite, la propia naturaleza es una entrada de la roca en el océano. Es decir, la roca es el paisaje, el origen, la imagen y el sonido. Luego, la piedra cortada, pulida, trabajada y trabada, es el proyecto y la invitación a vivir el paisaje.

Aquí, la relación entre el material en bruto y el material final, entre las preexistencias y el espacio diseñado, está presente de modo tangible y potente. Esta dualidad es una relación de mutualismo en donde uno y otro —el paisaje rocoso y el proyecto de piedra— se retroalimentan y potencian en un continuo de tiempo y espacio.

Sin embargo, hay una situación particular en donde esta relación puede verificarse clara y poéticamente: la poza.

La "poza" es una piscina natural, un pequeño espacio de agua serena que ha quedado conformada y enmarcada por una sucesión de rocas que, a modo de abrazo, la limitan y contienen. En Pite, se conformó muy cerca de la orilla y de la playa desde donde se parte o se llega al sendero de piedra que sube hasta el punto más alto del sitio. Allí, en el centro exacto de esta poza, emerge una roca solitaria cuya posibilidad de ser vista o de quedar escondida bajo el agua depende de las mareas, generando una marca significativa en el paisaje natural.

En un gesto de reconocimiento a un pequeño espacio sagrado, el proyecto incorpora la roca tomándola a modo de centro geométrico y genera las líneas para construir una plataforma de piedra a donde arribar y observar el agua. En este punto central nacen todas las líneas que generan la terraza de observación, tanto las rectas que convergen en él y delinean cortes en la piedra como las curvas que marcan desniveles en la construcción y que aparecen como tramos de circunferencias.

PIEDRA

En el resto del proyecto, especialmente en el recorrido construido en piedra que sube y baja las paredes rocosas frente al mar, se verifica una y otra vez la idea de dualidad, contraposición y complementaricdad entre el paisaje original y el diseñado. En cada tramo de sendero o de escaleras, hay peldaños que suben, bajan y guían al caminante, así como pequeñas plataformas que facilitan el avance y la exploración del sitio. Queda siempre expuesta una conversación honesta y cuidadosa entre la geometría y la naturaleza, lo acotado y lo infinito, lo que aporta calma y lo que aporta energía.

Toda la piedra utilizada fue tomada y rescatada de un gran acopio ya existente en el sitio, alineando al proyecto con prácticas sustentables de utilización de materiales locales así como del empleo de trabajadores del lugar; en este caso, un equipo especializado y dedicado en diferentes grupos al corte, el pulido y la colocación.

Así, la piedra es símbolo de un todo integrado: origen y diseño, trabajo y acción, construcción y poesía.

RECORRIDOS

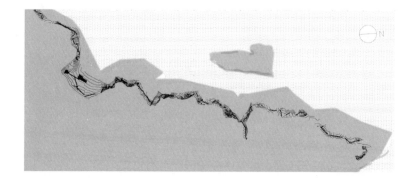

El plano de Punta Pite fue desarrollado mucho después de su construcción, luego de un levantamiento topográfico profesional. El desarrollo del proyecto sólo había sido posible *in situ*, como un trabajo artesanal y muy consciente, pero sin medidas marcadas ni delineadas tradicionalmente en ningún dibujo formal.

Entonces, ameritaba reflejar en el papel el proyecto construido como un gesto de reconocimiento y de orden, incluso por la belleza elemental del trazado. Se establece la posibilidad adicional de vivir y sobre todo de comprender el paisaje ya no sólo desde la experiencia sensorial del espacio, en un avance progresivo de imágenes y tramos, sino desde la representación cartográfica del todo.

En esta península de roca que se adentra en el mar no es fácil generar un primer dibujo del recorrido, desde un punto inicial hasta uno final con posibilidad de alternarse entre ellos, de modo tradicional. Por eso, el levantamiento de las piezas es posterior y se plasma en un dibujo que refleja la realidad de modo fiel. Casi como una costura de puntadas intuitivas que se mide luego y se anota, el proceso del dibujo se concretó para poder compartir y estudiar la información del proyecto: registro y conocimiento, complementando la ausencia y la experiencia.

La posibilidad de leer el sitio desde el aire con un dron, o desde arriba en un plano dibujado, nos brinda la opción de agregar el componente intelectual para "radiografiar" el lugar. A través del dibujo, es posible ver e identificar las líneas que están planteadas en respuesta a la diversidad geográfica: pequeños trazados que se van adaptando de forma específica en el lugar. En el sitio, la experiencia se realiza en partes, hasta donde el ojo alcanza, con situaciones únicas y de sorpresa, sin conocer lo que llega inmediatamente después y sin idea del todo ni de la escala total del lugar. Contrario a esto, el plano entrega la imagen y la dimensión, reales y exactas, del recorrido completo.

Adicionalmente, se hace presente el valor estético del dibujo, el cual existe porque la conversación entre proyecto y paisaje original ha sido clara y respetuosa, amable pero honesta. La belleza de la expresión plástica sobre el papel es posible porque la composición y el diseño han dialogado con la geografía, las líneas y las curvas, repitiendo y reflejando un mismo ritmo, una misma cadencia visual, los espacios llenos y vacíos, modelando el andar y el detenerse.

Punta Pite es y puede entenderse fácilmente como la esencia del recorrido. En un lugar de tanta fuerza —las rocas, el océano, el agua impactando en las rocas— el proyecto permite la conexión entre un punto y el siguiente. Si uno quita uno de los tramos diseñados, ya no es posible la experiencia del sitio.

Un recorrido es una oportunidad de experimentar un paisaje. Como experiencia, es dinámica y depende del ojo del observador y experimentador; es decir, se completa y se hace única a través de quien la vive.

A través del proyecto, el diseñador de paisaje toma la esencia del sitio y ofrece un modo de atravesarlo, sentirlo y aprehenderlo. Por su parte, el que recorre, lo vive a su modo con sus propias sensaciones, al igual que sus reacciones físicas y emocionales, haciendo del recorrido una vivencia particular, individual e intransferible.

Un recorrido posibilita y potencia la experiencia del paisaje y es el diseñador quien proporciona esta experiencia. A diferencia del itinerario o el circuito turístico o temático, el recorrido en el paisaje no está predeterminado y deja abierta la posibilidad de elegir el próximo paso, de desviarse o de ir y volver, sin que se pierda ningún sentido o resultado.

En el campo de la arquitectura paisajística, un recorrido es estructural y representa uno de los componentes más importantes del diseño, siendo el resultado de incorporar toda la información de un sitio para luego ofrecerla como vivencia. Posibilitar la experiencia de entrar y salir de un lugar, de estar en él, de atravesarlo y avanzar, de intuir cómo y por dónde, son algunas de las herramientas que un diseñador tiene para acercar al visitante a la naturaleza, sea sutil o brutalmente, a tientas o con señales claras.

En este contexto, Punta Pite se eleva como proyecto icónico del concepto de recorrido. Planteado como esencia pura y desnuda del transitar un sitio, sin nada en el diseño más que la piedra esculpida que se apoya en la roca rugosa, facilitando el ascenso y descenso, el cruce y el progreso, este proyecto es y hace camino. Es camino, claro y fuerte, y hace camino porque se hace y se hizo al andar. Su construcción, también intuitiva, fue el resultado de caminar el sitio y de marcar piezas y puentes en el terreno, sin ningún mapa ni plano que guiara. Originalmente, la primera decisión de proyecto fue la elección de la piedra desechada y acopiada en el sitio como material único de construcción. Luego, la escala: el ancho del sendero se define con base en el andar de una sola persona para generar una experiencia individual y para no invadir el paisaje con piezas de grandes dimensiones. Por último, se otorga máximo valor visual a la piedra por medio de piezas macizas que se traban y se unen con el mínimo material adherente posible. Este protagonismo del material, que se mimetiza y dialoga con el paisaje original, potencia la idea del recorrido porque se niega a cualquier distracción o cualquier presencia que no sea la propia del camino a seguir. En Punta Pite, el proyecto se piensa y se manifiesta propio, vivo, salvaje y ya imposible de dividirse de algún modo —ni experimental ni intelectualmente— del sitio que le da origen.

SEÑALES

La palabra "señal" es una que trae una carga de significados poéticos y profundos que nos llevan a la idea de avance y descubrimiento a través de elementos externos o, incluso, de sensaciones propias y de otros.

En una búsqueda simple de diccionario, la palabra "señal" deriva en otras palabras tales como "marca, huella, indicio, pisada, rastro, surco, signo, pista, sello, vestigio, testimonio, muestra, índice, manifestación, síntoma, seña, sospecha, asomo..."

En el paisaje, las señales son articulaciones entre el sitio y el que lo recorre, el que lo visita o lo habita. Articulaciones en el sentido de vínculo forjado como imagen: una piedra, un conjunto de piedras, una plantación con un patrón de diseño particular y diferente del resto del proyecto. Todas y cada una de estas composiciones funcionan a modo de anuncio, de información, de recuerdo, de dirección o, simplemente, de deseo.

Además, a las señales en el paisaje podríamos pensarlas, entenderlas y definirlas desde dos perspectivas: las señales que deja la naturaleza a quien diseña y las señales que deja quien diseña al visitante/habitante como parte de su proyecto. Las primeras sólo pueden percibirse a través de un gran sentido de observación y con una total predisposición a dejarse "llenar" por la naturaleza del sitio. Para esto, hay que llegar vacíos de todo preconcepto, toda ortodoxia y todo bagaje anterior. Las últimas, las señales que se dejan como parte de un plan o diseño, quedan libradas al azar o, más específicamente, a la atención y las ganas de un otro que habitará el lugar a su gusto y respecto a su propia posibilidad.

Entonces, las señales son y tratan siempre de sutilezas. No definen ni dan por sentado ninguna acción posible. Quedan como anuncios y marcas que pueden, incluso, ser no vistas o aún pasadas por alto. Otras son más definitorias y definitivas, con un objetivo o una necesidad funcional.

En el proyecto de paisaje, las señales representan uno de los aspectos más sensibles del proceso de diseño. Esto se debe a que la percepción de las señales —las presencias significativas de cualquier lugar que devienen signos y marcas únicas— se logra con un alto grado de sensibilidad para observar, mirar, escuchar, oler, hacerse parte del sitio y su esencia. Al mismo tiempo, la posibilidad de poder crear nuevas señales —objetos colocados con un cierto sentido o propósito, recordatorios o composiciones plenas de significado— se concreta una vez identificada y absorbida aquella esencia original del lugar, que será acarreada y transmitida como un mensaje.

Las señales conducen mensajes sobre el sitio y las variadas posibilidades para conocerlo y reconocerlo, sean éstas delineadas o libradas al azar.

Las señales nos guían.

En el proyecto del Hotel Tierra Atacama, situado en el desierto homónimo, se encontró una presencia muy especial desde etapas iniciales de reconocimiento del sitio:

un ave nativa de Chile que habitó el lugar tal vez durante todos los largos años de abandono de este gran lote, por lo que el ave era dueña informal del sitio, libre, volando bajo y definida como un componente primario del paisaje. El Pequén, o Tecolote Llanero, es una especie de búho pequeño que vive en pastizales, áreas agrícolas y desiertos. En este caso, ya que la presencia del hombre se había suspendido en el sitio durante décadas, el Pequén y su familia vivían libremente en una parte del terreno, donde se encontraba su madriguera. Esta presencia, vital y particular, fue tomada claramente como una señal y, desde el comienzo del proyecto, se decidió preservar su hábitat en el sitio como un área de protección. De este modo, el huerto de Tierra Atacama se plantó y creció teniendo en cuenta esta zona delimitada a su alrededor y, por el mismo motivo, los visitantes tampoco acceden a esta "área protegida".

Esta simple decisión, que además se eleva como una señal incorporada a un nuevo en el sitio, permitió instalar un espacio de preservación para un animal silvestre dentro de un destacado hotel reforzando vínculos no sólo con el paisaje sino también con la fauna del lugar.

En Kawelluco, en los boques patagónicos de Pucón al otro extremo de Chile, durante los primeros recorridos al lote, antes de comenzar el proyecto de arquitectura de la casa y el plan de paisaje, se encontraron postes de roble trabajados y fijados al suelo, indicios claros de que fueron un cerco demarcatorio. De visible antigüedad (por el estado de la madera y de los agujeros realizados en su superficie vertical), estos postes fueron tomados como una marca anterior y como referencia para un nuevo cerco. A su lado, se recrearon tramos de cercos en donde los pilares nuevos repiten el diseño tanto en la modalidad de los hoyos en donde se apoyan las piezas horizontales como en la altura y los anchos del elemento original.

Al observar el nuevo cerco, cuya función no es tanto la demarcación del territorio sino la de rendir homenaje a las señales del paisaje original, a otros hombres y otros usos, se puede reconocer el diálogo entre lo antiguo y lo nuevo, entre el pasado y el presente. Estos vínculos, que son espaciales y temporales, se han logrado a través de las señales halladas en el paisaje y retomadas con el objetivo y el deseo de valorizar y continuar una historia preexistente.

Entre los pastos que crecen naturalmente, marcados de tanto en tanto por orquídeas silvestres, se deja una pieza de madera de formato rectangular a modo de banco o apoyo. Las señales indican y sugieren los mejores puntos donde poder descansar un momento y observar el paisaje, disfrutar los sonidos y el silencio, ser y estar.

En el valle de Huentelauquén, ubicado a unos 400 kilómetros hacia el norte de Santiago de Chile, se desarrolla un proyecto residencial cuya superficie queda completamente enterrada en los desniveles naturales de unos acantilados sobre el mar.

El paisaje de roca y estepa, con el sonido del océano cercano y omnisciente, es protagonista absoluto y la casa sólo puede apreciarse al bajar por entre la roca o desde la amplia costa de playa que se extiende por debajo. Esta idea de "casa escondida" necesitaba de una marca, un aviso de llegada o una indicación hacia el acceso desde el camino. Para esto, se incorporó una composición lineal de unas seis o siete rocas en punta y con una base mayor que define un recorrido de arribo y constituyen, además, un hito especial dentro del paisaje llano. Con una tenue referencia a emblemáticos elementos que marcan el andar en el paisaje —menhires, monolitos, moabis— estas rocas materializan sutil pero elocuentemente el concepto de camino, de llegada y de límite.

Aquí, las señales son dejadas para el visitante, usando el material de descarte de la construcción y mimetizando colores, texturas y formas dentro del escenario natural. Perderse antes de llegar quizá sea también una opción, una aventura.

En Punta Pite, el paisaje de roca es la esencia, y el proyecto de piedra es señal y guía.

En ambos casos, el mensaje es sutil pero claro: el paisaje rocoso es mensaje de naturalezas imponentes y, por su parte, un grupo de tres piedras sueltas incorporadas en el recorrido es un mensaje planificado como indicio para el camino. Sin embargo, este último puede también olvidarse. Tan fuerte ha resultado el vínculo creado entre paisaje original y marca plantada que quien camina incluso puede confundir la ubicación de las piedras como parte de la conformación natural del sitio. En un desvío del camino, cuya continuación queda poco visible para el visitante/caminante, el proyecto regala esta indicación. Tres rocas que pueden confundirse con el paisaje o, según la atención de quien recorre, pueden ser la correcta asistencia para un siguiente paso. Humildes pero siempre presentes, estas tres rocas fueron colocadas durante la obra como una simple marca para una periodista inglesa que anduvo sola esta parte del camino. Allí quedaron, y posteriormente fueron fijadas al suelo rocoso de modo permanente, estoicas y cargadas de historia.

En la poza, la roca central se cubrió con una lámina de bronce que asemeja escamas. Dependiendo de la marea, este elemento escultórico aparece o desaparece bajo el agua. Así como se diferencian naturalmente el día y la noche como marcas vitales de nuestro avance cotidiano, se exponen las mareas altas o bajas como marcas de las fuerzas de nuestro universo.

El vínculo entre la luna y el mar es traído a la memoria por medio de una señal acuática, sublime y solitaria.

ESENCIA

Cuando nos referimos a la esencia de un lugar, un sitio o un paisaje, estamos intuyendo y vislumbrando la imagen específica que lo caracteriza profunda y llanamente. En general, se trata de un conjunto de detalles que juntos y en armonía representan ese lugar, pero puede que también sea un único detalle o una única presencia, irreemplazable y significativa.

Como diseñadores o amantes del paisaje, es siempre necesario respirar y sentir la propia naturaleza del sitio al visitarlo por primera vez. La naturaleza del sitio se refiere tanto a sus cualidades y particularidades inherentes como a los elementos naturales existentes y su estructura original.

En este primer momento, que debemos poder identificar como uno de los más reveladores e inspiradores antes de cualquier proceso de intervención, debemos estar plenamente en sintonía con el precioso y generoso arte de observar la naturaleza, que además está íntimamente conectado con la facultad de saber escucharla. Se debe dejar que hablen la tierra y el agua, los árboles y también el propio silencio del lugar para que, una vez incorporado todo lo que hay y lo que no hay, sea posible hacer un aporte, una propuesta o cualquier tipo de plan.

Este acto de sumergirnos en lo que es y lo que propone el sitio nos permite quedarnos con una información pura que requiere no ser contaminada con ideas foráneas ni con extravagancias: sólo apegarnos a lo que es esencial.

En Huentelauquén, lo que se reconoce y se toma como único punto de partida y como esencia del proyecto es la situación espacial privilegiadísima de gran mirador sobre el paisaje del mar. Las magníficas vistas desde el lugar en donde se implanta la casa y el corte de roca sobre la playa dejan de lado cualquier idea de jardín tradicional. Entonces, se propone y realiza un trabajo de limpieza de la roca y la inclusión de unos "andenes" de madera que se extienden hasta el último extremo posible del terreno, antes de caer en acantilado. El diseño, cuidadoso pero contundente, deja expuestas texturas y formas primigenias y brutales, realzando así la belleza más propia y original.

Es que de esto se trata la veneración de la naturaleza de los lugares, para que otros puedan reconocerla con facilidad: encontrar la esencia y la fuerza originales del paisaje para reforzarlas a través del proyecto. Los colores, por ejemplo, son los colores del paisaje: los sepias y dorados del desierto, los grises, blancos y azules del océano y su borde de roca, los verdes y plateados de los bosques, siempre posibles de ser incorporados al proyecto o, mejor dicho, ser tomados por el proyecto a través de nuevos elementos y nuevas plantaciones que recrean, copian, recomponen y se mimetizan.

El proyecto de paisaje reafirma la esencia de los lugares y se inspira en ella.

En Tierra Atacama, la única planta que sobrevivió a décadas de abandono y pura sequía es el cachiyuyo, o *Artiplex atacamensis*, un arbusto achaparrado y de carácter colonizador, nativo de esta región desértica.

Aunque podrían haberse considerado malezas, estos grupos de arbustos fueron no solamente respetados por el proyecto en su ubicación original, reconocida al entrar por primera vez en el sitio, sino que debido a su calidad de supervivientes, se incorporaron al diseño del área con gran protagonismo, casi como elementos sagrados. Mayormente dedicada al desarrollo agrícola y de huerto experimental, esta tierra ofrece un variado paisaje de producción. Sin embargo, los conjuntos de cachiyuyos, teñidos cada día por la luz dorada de los atardeceres de San Pedro, quedan como una presencia que remite a la historia del sitio y refuerza la imagen

despojada del desierto andino. En algunos sectores particulares, enmarcando terrazas y estaciones de descanso que usan los invitados del hotel, los cachiyuyos se podan para generar una estética diferente y mas "prolija" que se contrapone con los bosquecitos de chañares (*Geoffroea decorticans*).

Junto a algunos algarrobos (*Prosopis atacamensis*), los chañares son las especies arbóreas nativas que también sobrevivieron en el lugar. El proyecto recompone estos bosquecitos y, con el tiempo, lucen como si siempre hubieran estado ahí, siendo parte de los grupos existentes sin diferencias ni distancias posibles.

En la punta del lote, al final de todas las plantaciones y espacios de descanso o recreación del hotel, se diseña una pequeña área que venera el paisaje original y sus elementos más esenciales. Un algarrobo solitario que se preserva como testigo de la historia del lugar, imponente y sabio, y unos bancos de madera posicionados bajo su copa, invitan al silencio. Enmarcando el área, una serie de muretes de adobe con base de piedra citan la imagen del paisaje original del desierto con sus pueblos aislados, sus materiales, sus tonalidades y sus técnicas constructivas.

Como espacio esencialmente infinito donde el paisaje se extiende hacia un horizonte siempre inalcanzable, el desierto representa un lugar de supervivencia. Aunque poca y con esfuerzo, la vida aquí es siempre una expresión única que debe ser cuidada, preservada e incluso adorada. La esencia del paisaje desértico está en los elementos más básicos, simples y vitales: la luz del sol, los árboles y arbustos perdidos, la línea de agua que atraviesa la tierra desnuda, la piedra... En su imagen escueta y terrosa, pura y silenciosa, el desierto nos llama. Y es esta llamada la que se intenta recrear, repetir y hacer escuchar.

En el sur de Chile se desarrolla un proyecto residencial a la orilla del Lago Villarrica, dentro de un bosque puramente nativo. En este caso, el plan de paisaje parte de este bosque, permitiendo y potenciando la experiencia de "sumergirse" entre los árboles, ya que presenta una serie de círculos de piedra que actúan como referencias de ubicación dentro de este paisaje denso y secreto.

Formado por nothofagus (*Nothofagus antártica*), ulmos (*Eucryphia cordifolia*) y canelos mapuches (*Drimys winteri*), este bosque se vuelve tan profundo que, sin referencias, es difícil identificar un punto exacto o una parte del recorrido. Por esta razón, el proyecto incorpora unas sutiles construcciones de piedra de formas curvas que de lejos parecen perderse en el paisaje, mientras que de cerca constituyen espacios reconocibles y diferentes entre sí.

Unos seis semicírculos de piedra y un único círculo completo —el cual se utiliza para la recolección de agua y que sirve eventualmente para el riego del sitio— conforman una composición casi escultórica que guía al visitante y le brinda una pausa en su camino. Distanciados entre sí, pero con posibilidades de apreciarse entre uno y otro, los semicírculos enmarcan espacios de tierra y sotobosque y, en cada caso, agregan algún detalle único, alguna pequeña plantación o un corte en la extensión de piedra, permitiendo la fácil identificación de cada área y dejando la seductora sensación de lo que se devela poco a poco.

Sin embargo, estas piezas no sólo tratan de formas y marcas sino que cumplen también una función particular y explicativa: la altura variada de los semicírculos acusa la topografía natural del terreno, sus ondulaciones y sus suaves desniveles.

Al tratarse de un bajo que se extiende a un costado de la casa y de las áreas de acceso, el terreno presenta diferencias de nivel que llegan, aproximadamente, hasta un metro de alto. Por esto, los semicírculos varían en altura, ascendiendo desde la cota cero hasta el máximo de un metro en su punto central. Algunos son más altos y otros más bajos, pero todos marcan las diferencias de nivel y, en algunos tramos extensos, ofrecen una altura cómoda para sentarse.

La recuperación y la limpieza del territorio, que había sido destruido por la construcción de la casa, se combinan en este proyecto con una intervención delicada y abstracta, sanando y recuperando la esencia del lugar. El bosque frío y lluvioso del sur de Chile, de suelos húmedos, crujientes de ramas y troncos cercanos que compiten por alcanzar la luz del sol, es marcado con curvas de piedra que invitan a extender la vista siempre más allá.

Al detenerse y seguir mirando hacia la marca siguiente, el visitante conoce el bosque más profundamente, lo comprende y lo descifra, se sumerge en su esencia y se hace uno con ella.

SILENCIO

El Paisaje

es Silencio

SILENCIO

El silencio es una experiencia profunda
de conexión con la naturaleza más esencial
y con nuestra propia esencia.

En el silencio nos conocemos y conocemos al otro. En silencio observamos mejor, escuchamos mejor y nos recuperamos de la sobredosis de estímulos que anida en las ciudades, en la información y en cualquier posible bullicio.

Los paisajes silenciosos nos invitan a detenernos y adentrarnos en momentos silenciosos...

Como diseñadores, tenemos la preciosa posibilidad de ofrecer oportunidades de silencio y para el silencio, de intimidad y capacidad de escucha. Estas oportunidades son quizá lo más importante de un proyecto de paisaje porque nos armonizan y nos conectan con el sentido espiritual que todo sitio exhala si se le permite.

El mar, con toda su poderosa presencia, nos ofrece silencio. Silencio como musicalidad y como susurro constante que nos habla de aguas y azules profundos, de horizonte infinito y del origen de todas las cosas.

El silencio es una cualidad de la naturaleza y ciertos proyectos son invitaciones a descubrirlo y disfrutarlo. Aún cuando este silencio posea sonidos —sea el agua golpeando la roca, el viento entre las ramas o el silbido lejano de un pájaro solitario—esta sensación se trata de un acercamiento a una calma infinita que sólo es posible en un escenario natural. Preparar los escenarios naturales para ser escuchados es parte de un proceso sensible de diseño.

El amanecer sobre un espejo de agua, enmarcado en una suave neblina o un conjunto de nubes bajas, con sus reflejos y claroscuros: silencio.

El proyecto que potencia el valor visual y espiritual de estos elementos nos conduce al silencio, nos envuelve en él y nos conecta con una frecuencia diferente. Así como en una composición musical el silencio es una nota que no se ejecuta, en una composición de paisaje el silencio es una ausencia, una invitación a andar un sendero solitario o a estarse quieto. Es un espacio que recibe la nieve blanca y que nos apacigua por su poder natural de abreviar cualquier paisaje.

Al caer la nieve es silenciosa, y esto provoca magia. Al desplazarse lenta pero copiosamente, la cortina de lluvia blanca y espesa pareciera armonizar más con un sonido contundente. Sin embargo, la naturaleza ha querido para ella silencio.

La fuerza visual es consecuentemente mayor y la sensación de lo que queda en la memoria por mucho tiempo (o por siempre) es intensa, suplantando así al poder del ruido. Un silencio que suena, un silencio que queda.

Las imágenes de la nieve son silenciosas.

El paisaje, cuando ha sido tomado y bendecido por la nieve, nos trae silencio y nos pacifica. Nos une con lo esencial y con lo invisible a primera vista porque deja expuestos sólo algunos elementos y sólo unos pocos colores, reduciendo lo cotidiano pero potenciando esencias universales.

En el proyecto de Lo Curro, donde se encuentra un paisaje húmedo y boscoso sobre una ladera de la que desciende el agua, dejando a su paso un sonido siempre presente aunque escondido y lejano, el silencio de la naturaleza se registra de muchos modos y en muchos rincones. En el invierno, la nieve cubre las grandes superficies de hojas y ramas que crecen horizontalmente, al igual que el suelo de los angostos senderos que atraviesan el bosque.

El paisaje del silencio se instala y todo lo abarca, se siente y se percibe, se cuela y se hace protagonista.

El paisaje es silencio.
El silencio es paisaje.

NATURALEZA HUMANA

Ich	bin	N
Du	bist	A
Er	ist	
Sie	ist	T
Es	ist	U
Wir	sind	R

Nosotros somos Naturaleza.

Como individuos (en primera persona) y como grupo (en plural) todos somos Naturaleza. Esta es y debe ser una declaración, un profundo reconocimiento y un profundo compromiso. Somos una creación del universo "no menos que los árboles y las estrellas..."[2]

Sabernos Naturaleza nos guía hacia ciertas verdades ya imposibles de evadir: nos iguala con todos los seres vivos que habitan este planeta; nos quita de la posición afirmada durante cientos de años de que simplemente por ser humanos somos seres superiores; y, de un modo compasivo y esencial, nos devuelve al conocimiento y a la aceptación de nuestra vulnerabilidad.

Somos vulnerabilidad.

Somos cambio y movimiento. Nuestra existencia es un "ir" y no un estarse quieto en constante permanencia. Nuestra existencia es un "pasar" de un ciclo a otro, adaptándonos inevitable pero sabiamente. De hecho, lo sabio es admitir que no sólo no es posible evitar la adaptación sino que abrazarla es el único camino.

Como parte indivisible de la Naturaleza, también la humanidad ha sido dotada con el poder de adaptación. Aunque hayamos pensado y creído que todo a nuestro alrededor es lo que podía y debía adaptarse a nuestras necesidades, el presente nos demuestra, de diversas maneras, que adaptarnos nosotros —en la armonía y en el equilibrio de la Naturaleza— es la opción única de supervivencia.

Somos Naturaleza...

2   POEMA DESIDERATA, Max Ehrmann (cita y referencia)

En junio de 1963, durante una visita a la ciudad de Berlín casi dos años después de la construcción del muro, el presidente John F. Kennedy pronunció un discurso que ha quedado en la historia como uno de sus mejores y más citados. En este discurso, Kennedy exclamó una corta frase en alemán cuyo significado en español es "Yo soy Berlinés", haciéndose él mismo uno más con los berlineses —entonces divididos y privados de su libertad— y estableciendo un vínculo emocional muy potente con ellos. *"Ich bin ein Berliner"* es la frase original.

Quitándole toda la referencia política y trasladando solamente la pasión y la gran sensibilidad con la que se pronunció, esta frase y este idioma son usados aquí para crear un simple juego de palabras en relación a nuestra esencia como seres de la naturaleza. El idioma alemán es, por su fonética y su potencia auditiva, quizá más poderoso que muchos otros idiomas. Es esta la única fuerza que se toma para hacer más intenso el pronunciamiento de estas palabras:

Ich bin Nature; Wir sind Nature.

Desde la primera persona del singular y llegando a la primera persona del plural, la conjugación del "verbo: ser Naturaleza".

Yo soy Naturaleza. Tú eres naturaleza. Nosotros somos Naturaleza.

Es que quizá se trate simplemente de reconocer un nuevo verbo, dando un nuevo sentido a las palabras y a los pensamientos. El verbo como posibilidad de acción y de identificación en cada posible persona. El verbo "ser Naturaleza" como una frase compacta que no puede quebrarse ni desde la gramática ni desde el pensamiento ni desde ningún modo de vivir nuestras vidas. El verbo "ser Naturaleza" como declaración, como exclamación y como reclamo para lograr volver a nuestro sentido original. Somos Naturaleza. Naturaleza Humana.

Pronunciemos y repitamos esta frase con fuerza, en este y en cualquier otro idioma, no importa realmente cuál.

Lo esencial es que somos una misma creación de una misma naturaleza universal, pasando por ciclos que nos modelan... y moviéndonos en un cosmos infinito, en constante expansión...

Teresa Moller es una reconocida arquitecta chilena dedicada a la arquitectura del paisaje durante los últimos 35 años. Se formó a sí misma a lo largo de los años trabajando en una variedad de proyectos de diferentes escalas, entre los que destacan las obras Punta Pite, Parque Periurbano de Calama en Chile y obras internacionales en Shanghai, China; Cumelén, Argentina; Sydney, Australia; Corcega, Francia y en una exposición permanente para IGA Berlin, 2017. Fue invitada en 2017 a participar como exponente en la Bienal de Venecia, y en 2018 a ser jurado en la Bienal de Arquitectura de Barcelona. En 2020, fue nombrada para recibir el premio World Award for Sustainable Arquitecture UNESCO, en París, por su aporte al desarrollo sustentable. Su enfoque de trabajo es único. La observación cuidadosa y la conciencia del paisaje son para ella la clave para desarrollar proyectos socio-culturales exitosos. Dentro de su filosofía de trabajo lo esencial es acercar la naturaleza a las personas para que puedan conectar y valorar la naturaleza que les rodea.

Jimena Martignoni es arquitecta con posgrados en *Planificación de Paisaje* (UBA) y *Ambiente, Sociedad y Economía* (FLACSO). Desde 2004 se dedica a la curaduría y difusión de proyectos de ciudad y paisaje en Latinoamérica. Con este foco, escribe regularmente para revistas especializadas de EEUU, Europa, China y Dubai y ha publicado libros con editoriales de España, China, México y Chile. Ha sido profesora en el programa de Posgrado de Paisaje de la Universidad Di Tella en Buenos Aires e invitada por diversas universidades en Latinoamérica. En la Primera Bienal Latinoamericana de Paisaje (México, 2014) fue convocada para conformar el jurado. Actualmente trabaja en proyectos cuyo objetivo principal es la difusión y creación de consciencia sobre la preservación de diversas formas de vida en el planeta, el cuidado de sus recursos y las soluciones basadas en la Naturaleza para problemáticas urbanas del presente.

Reflexiones en el paisaje fue impreso
y encuadernado en septiembre de 2021 en
Offset Rebosán, en México. Fue impreso
en papel Bond de 90 g. y Couché de 115 g.
Para su composición se utilizaron las familias
tipográficas GT America de Grilli Type
y Columba Text de Colophon Foundry.
El tiraje consta de 2,000 ejemplares.

REFLECTIONS IN THE LANDSCAPE

TERESA MOLLER

Texts: Jimena Martignoni

INDEX

I am grateful to have the opportunity to share these reflections that have accumulated in my soul during years of work, in association with my partner: nature. Throughout my work, I have been interested in so many themes and observations, which have been inscribed in design expressions; they have been transformed into gestures and details that have left their traces in the projects I have carried out. These marks are the product of the observations that have given rise to the forms that my work has been taking, as well as to the words that explain it in this book.

Thank you to Jimena, who accompanied me and translated these thoughts and observations into soft and clear words. This work was woven in times of emptiness and uncertainty and, without having thought about it, it also led us to return to the essential and to understand a little more where we are, where we are going; to remind us, in some way, what is the meaning of our lives.

Thank you to Miquel, who also trusted and, without hesitation, immediately joined this adventure. He is also someone who has generously supported my work since the early days, making this book a reality in a clear, beautiful and expert way.

Thanks to all the people who have accompanied me in this story. In the landscape that, without their support, would not have been realized. I think of all the professionals and master craftmen who went through these stories of beauty and efforts to leave a trace in our lands where we could be and become one with nature.

A hug to each of you who hold these words in your hands: I am grateful to be able to share them!

Teresa Moller

WANDERING THE LANDSCAPE WITH TERESA MOLLER: CONVERSATIONS AND REFLECTIONS

The landscape that brings us closer

I met Teresa Moller in 2007 when we planned a visit together to the project she designed in Punta Pite. Almost fifteen years later, this work of hers still represents one of the most poetic and reverential landscape architecture designs, one that at the same time is powerful in how it becomes one with the original natural setting. Punta Pite offers a benchmark for landscape design not only in Latin America but worldwide.

I have to confess that as a writer and curator of landscape architecture and urban design projects, I have often asked myself, when meeting a designer and getting to know their work through a first site visit to one of their projects, how positive the initial impact might be. And when first walking through the project, I am often thinking about how long this impact could stay on the retina and remain in the memory and in the soul. Of course, even when they are excellent or special, works of design aren't always striking. In the case of Punta Pite, the project is not only a striking one, but one that remains firmly on the retina with a series of images that merge the rock with the sea and with details and pieces of carved stone that weave an unforgettable path; and therefore it certainly remains in the memory as a moment in life where one connects with nature and with oneself. Afterward, challenging the passage of time and also the doubts of one who does not know the project yet and only fantasizes and asks what is possible—having already made an impression and stayed on the retina and in the memory—the design for Punta Pita inhabits the soul.

With this powerful project and in that distant 2007 a relationship with Teresa began that took us to visit many more of her works together, located in different regions of Chile. By the

sea or in the flat landscape of the steppe, into the dense woods of Patagonia or looking over its lakes, in the productive rural landscapes or in small oases within the city, our visits and road trips—always framed by the rugged mountain range that connects and divides her country from mine—built a strong bond between our thoughts and, above all, between my work as a writer and her great work as a landscape designer.

The landscape that inspires us

This is how "Unveiling the landscape" came about; the book that was published in 2011 by publishing houses Puro Chile and Hatje Cantz and which provided the motive for us to continue traveling together and holding conversations about landscape and about life. These conversations extended beyond borders and time and in 2019 Teresa returned to the idea of another book, in this case an artisanal book in the broad sense of the word. She wanted to be able to talk intimately about the projects, especially Pite, going over them and telling stories about them to deliver ideas and images that could inspire others, simply but profoundly. With this purpose in mind, we met at her beach house by the ocean where there is no way to avoid the color blue, never, because every room and every terrace, every window and every corner offers endless ocean views. The horizon that for me (as an inhabitant of the Argentinean pampas) is always familiar, horizontal and eternal, for Teresa (as an inhabitant of the mountain landscape of Chile) is far-away and elusive; but on the cliffs where her house rests, the horizon is close and is blue, it is captivating and impossible to forget; just like her project in the rocky scenery of Punta Pite.

I returned to Buenos Aires with the prospect of a new book, new trips and new conversations along the roads; in the meantime—because these projects mature at a slow pace and decant themselves potently but flexibly—each one of us carried on with our work and with everyday life.

The landscape that challenges us

However, a few months later, everyday life was transformed—potently and inflexibly—for Teresa, for me and for everyone on the planet: the pandemic.

And there is no need for any more words or any other explanations or complaints or enunciated doubts left unanswered to make clear how disrupted our lives have been. And so we had to turn.

During the first months our communications were scarce, because of the many and diverse issues brought by life in the pandemic, its uncertainty and, why not say it, its fatigue, until we reconnected at the very beginning of 2021. It was through her nomination in 2020 for the *Global Awards for Sustainable Architecture*, based in Paris and sponsored by UNESCO, and the book in which Teresa is included as one of the fifty most widely recognized landscape architects, "*250 Things a Landscape Architect Should Know*," published by Birkhäuser.

For both invitations Teresa and I worked together on the texts that describe, represent and discuss her work. Our conversations returned and with them the spirit of a new written work, some kind of a "legacy" based on her experiences and learnings from working in and with the landscape.

The pandemic finally provided the soil for the sowing of a new and challenging seed. We adapted, we accepted the challenge, and we trusted in a joint creative effort. Teresa trusted once again in my ability with words and we both trusted in the idea of diverse, honest content, loving and respectful of everything that embodies the idea of Nature, through her work with it and for it.

The landscape that gives itself away

In order to achieve this we spent five months—a long time for the development of this type of book but somehow compelled by the question of distance—meeting online and having conversations

through computer screens. Teresa in Santiago de Chile; myself in Buenos Aires. We suggested subjects, we organized them and explored them and, of course, we connected them with her most significant projects from the last five to ten years. We thought it a good idea to delve deep into some essential questions of landscape, through her projects, illuminating the concepts with them rather than giving detailed descriptions of each design. In this process, Teresa began to reveal some little stories that were part of the development of her works, or details of the process behind each of them, providing further life and strength to the words. This manner of giving away particular experiences, inspirations and special moments is what generates a particular content and a certain kind of legacy. Each story always goes with images specially chosen by her and then defined by us both: certainly the images of her projects are always sensitive and full of beauty, carrying in them a very real portion of the landscape they portray. Everything is part of the same vision and mindset.

The landscape we all are

In the end, if I had to define what best and most faithfully describes Teresa's way of standing before the landscape and her desire for those who experience and inhabit it, I would say two things without hesitation: her obsession for connecting people with nature and, in order to accomplish this with sensitivity, her obsession for identifying the very essence of the place she has been asked to work on. This can easily be noted in the following pages, when reading each of the subjects and delving deeper into the examples of so many of her designs. However, I can affirm this because not only did these five months help me to get to know even more profoundly her manner and her intention regarding any landscape, but also because she conferred on me the title of "her translator" long ago, and every time we talk. A title that I accept with laughter but which leaves me with a great responsibility and a delicate task in my hands.

With this in mind, we decided that her name would not continuously appear in each subject and that I would not write in first person or from my own perspective on her work. In a rather bold decision, we decided that every subject be presented incorporating the reader, or aiming to do so, speaking from the perspective of a neutral "we" that, above all, seeks to make the landscape the sole protagonist. Earth, Water, Trees, Fruits, Stone... as its fundamental components and raw material; and Trails, Signs, Essence and Silence... as possibilities and attributes that if taken into account and given away, create a sublime landscape. Lastly, a short reflection about human nature: an invitation for us to understand ourselves as part of an infinite universe in such a vital way as, for instance, earth and water do. A right and an obligation that we both believe we all have to take, in the present day, to make us aware and "to be Nature."

The works of Teresa Moller, as much in Chile as in other distant places where she has been invited to participate, remain on the retina and in the memory.

The portrait of many of these projects is achieved through ten concrete and poetic subjects whose exploration makes it possible to identify ideas, messages, proposals and even questions and issues to resolve. The ultimate objective of the professional practice of Teresa, and therefore of these texts, is not a fixed point to arrive at or a predetermined idea to get stuck on but rather a free and instinctive journey, in connection with the elements of Nature.

In this way and with this rhythm, it is possible to read and to advance through the chapters of this book either in the traditional way, one after the other, or jumping three chapters forward or two backward, choosing the subjects with freedom and keeping them connected by means of one's own flexible common thread, creating the path by reading...

The reflections left here are a simple and serene wander through the landscape and, in some way, an invitation to follow this rhythm and to always remain in this mode of constant searching and learning.

EARTH

The earth is generous.
The earth gives itself gently away, letting
the water furrow through it and the seed
get inside and open up with life. The earth
accepts being taken care of and wants
to be taken care of.

If we look at the earth as an opportunity to generate life, then it is natural to protect it. Its character and its shape are the result of unique cycles and processes that make up a unique story; if we alter them, things happen that are sometimes impossible to anticipate. The earth is a vital component of a system of which men and women are a part.

And so, a universal question arises, from today and from the origins of time: how do we stand before it, as designers and landscape shapers; how do we touch the earth? And the answer dwells in the same earth, in its character and its shape, in its recognition and its reassessment, in the close observation of what is there already and its use as a starting point for any design. Once we gather up all the features—of a certain site, of a certain region, of a certain system—we can dare to touch it. The simplest and least intrusive geometry: the line as a fundamental mark, first and always.

If we try to picture our project from above, in the landscape, and imagine how it could be explored and how it could be experienced even without losing its inherent and original qualities, there naturally appears a need to barely touch it, or to touch it only carefully, creating landmarks, shelters and lookouts that subtly help and invite whoever is exploring it to learn more about the place and the unique and vulnerable earth.

In Chile, the mountain topography of ravines that descend from the hills and search for the ocean as the place where they can finally find the horizon, are and have always been the one presence to preserve and use to the benefit of any project in the landscape. The ways of touching the earth in Chile are defined by adapting to these wrinkled, rebellious and mysterious shapes.

It is the specific character and essence of a place that will provide us with the most reliable inspiration for our proposals. Let's be alert to them.

There are two possible descriptions or qualities of the earth that we can identify as essential: the intrinsic value of the earth as a life giver, and the earth as a support medium. In the same way that for a painter the support medium is a blank canvas that has to be filled with materials and colors to create something new, the earth is a support medium in which it is possible to present, to compose and to build something with diverse materials.

By asking that universal question which brings us to consider how to touch the earth, there appear certain lines, objects, signs and arrangements that can indicate itineraries or places to rest, to contemplate or to gather.

This support medium is at the same time a life "supporter," going back to the first quality of the earth and strengthening it: a sort of uterus with which to interact to allow and to foster its natural development and production, while intervening in it. In each place, the earth has particular characteristics and qualities not only in reference to shape but also to composition, generating diverse possibilities some of which have a greater life-boosting capacity. And here, another fundamental puzzle appears, especially in these times of greater awareness about how we must change our models of intervention and the ways in which we interact with the Earth, in this case in its broadest meaning, of the planet as the only great life supporter. Where is the thin line that marks a difference between intervening—adding any kind of energy

consumption to be able to, for instance, create better production conditions—and accepting limitations and with them the impossibility of responding to specific needs? In Calama, a mining town located in the most arid region of Chile and of all America, the basic need was the creation of shady recreational areas for the inhabitants, constrained by the sparse, harsh and sterile setting, and the extreme weather conditions. This town is key to the economic base of Chile and its inhabitants are key components of a system on which millions of people depend, at least in the present day. In this case, to be able to create a park with trees and shrubs adjacent to the town and surrounding its perimeter, the soil needed to be mixed with another of higher nutrient quality brought from other more fertile regions of Chile. Transportation implies energy costs; the benefits, on the other hand, are a green and shady area that the inhabitants enjoy, feel it belongs to them, and therefore take care of. Of course the chosen species have minimal water requirements and the irrigation system is at the basis of the most strategic and sustainable design possible.

The earth offers what it can but it is also possible to adapt and enrich it. We must know what the cost-benefit equation is and distinguish the attributes of the earth we are working on; we

adapt or the earth is adapted and transformed, when the need for change is strongly justified and when the ideas and decisions have been responsibly considered.

With regard to the shapes of the earth, the original and defining topography of some places could be considered an opportunity rather than an obstacle. In Chile, ravines are the shapes of the earth that define a particular landscape and they are also places where sacred silence can be found.

Forests, equally silent and most of them ancient, sometimes conceal those shapes. It is a wonderful gift to be able to exhibit the topography hidden in the woods and put it on display; it becomes a piece of information and a game, because it's also about playing.

In Kawelluco, a house-shelter hidden away in the Patagonian woods of Pucón, a water-channeling work built with tree trunks runs through a large portion of the total length of the lot, with the objective of indicating the different heights of the land.

Each pillar built with trunks spans the distance between the horizontal water channel and a fixed point in the land; as the elevation changes, while it descends in undulating feminine shapes, the indicated heights vary too. The lowest point—or final height indicated—is a vertical line of water that constantly falls until it reaches the land. In its descending journey, the sound of water becomes another indication, liquid and subtle and yet tangible and powerful.

As it touches and enters the ground, the water loses its visual and material essence: it becomes earth and worships the earth. The earth, in return, gives back further life.

It is the eternal cycle of earth and water. Earth...Water... Earth...Water...

WATER

In Chile, the Andes Mountains are the refuge of water; this is where it is stored, in the form of snow, to be delivered during the dry season in the summer. The country's geography defines the way in which water is distributed: the mountain range and the sea occupy a very restricted space and the ravines—like narrow passageways—are the features which connect one with another, in a continuous cycle that we must preserve.

The ocean, in its immensity, talks to us about water as the highest expression of life, a wild and mysterious whole that refers to the origin and connection of all things. Water rules over and regulates natural processes essential for the life on this planet; without it there is no life. We are all made of water; we are all beings of water. Water is change, motion, expansion and beauty. Water is life that brings further life.

When we embark on a project, the first and foremost question as a first step to get to know a site is "How much water do we have?," because the water supply is the most important predetermined factor in the initial process of definition as much as in the subsequent development of any proposal. The quantity of available water defines how much life we can bring or take care of in a place; in the same way the original geography defines the water distribution in a region, in a project the water distribution defines its primary characteristics. In either case, water is what determines the possibility for life, how much and what kind.

In this sense, water storage for irrigation is essential. And when the object for storing, containing and retaining possesses a visual and aesthetic value, the project not only makes sense but also inspires and harmonizes those who live and experience it. The functional value of water precedes the form and the form as a catalyst of beauty adds a spiritual value to the project.

The circular water containers in projects such as Lo Curro, Villarrica and Casablanca become surfaces that reflect the trees and the light coming through the foliage, the sky and every element that gives life to the site. Built with local stone, these irrigation sources are fed by water running through the site and by rainwater. Sitting on their edges or walking around them are spontaneous behaviors that respond to the attraction of water, its power and peace, allowing contemplation and a sense of belonging. Water harmonizes. Water balances.

Its power is born from the inherent faculty of guaranteeing the development of life, its visual and auditory presence—both of them powerful yet versatile—and, above all, its ability to become absent. Through its cycles, water comes and goes, gets lost and returns.

The fluctuation of rainfall—or that poetic quality of being absence or presence in a certain place—brings to the landscape a dynamic context, of change, of surprise, of mystery and play.

In the project of Punta Pite, in Zapallar, overlooking the Pacific Ocean, the tip of the land becomes a small park whose most important contribution for the visitor is the possibility of contemplating the sea and its whims with such an intimate proximity it can be overwhelming. At this exact point there was an excavation whose origin and purpose are not fully determined[1]; but even without the precision of history the energy from the past lives in the site, and asks for or invites the creation of a landmark. A sculpture made of local stone that collects the rainwater almost

1   Local legends say it may have been a site where the fishermen brought in their catch, or a lookout point intended for the defense of the territory.

as a sacred object honoring a significant space. Here, it's also about the contrast and combination of a small sample of water, collected into a simple although exquisite sculptural piece, with the greatest possible expanse of water as a backdrop. One and the other are part of a single image and a single composition of figure and background, attracting and differentiating from each other, complementing and defining each other, always respectfully.

The water that is retained in the small hollow—whimsical as it may be—resulting from the old excavation becomes a third visual variant of the same liquid, becoming part of one single composition.

The combination of waters defining the site turns into some kind of rite: if it rains, the water becomes a mirror and a sign of abundance; if it doesn't rain, the protagonists are the empty stone and the dry earth, like open hands awaiting the next rainfall. The composition is then not only an indication of a particular past but a conversation with the natural landscape and, above all, a reflection of the natural cycles of water. The design, in turn, is completed with and by them: without the presence and absence of water, the sculpture and the landmark have neither the same interest nor the same beauty.

In its highest visual value, water is a support medium in certain places; it's a frame or a focal point, it's an edge or an element that traverses, but in each case it conveys a specific sense and implies a leading role that the project has to venerate and strengthen. For this reason, when for different reasons water is visually relegated and even ignored, shifting the focus of attention back towards it adds the uttermost value to the site.

Water provides union and calmness. Its spiritual meaning and capacity to generate moods or to produce positive and therapeutic emotions guarantee the intimate connection with nature.

In Venice, where water is the center of life for everything and everyone, and finds its greatest urban expression, a landscape project was presented and built for the 2016 Architecture Biennale. At an international event of this nature, where both those exhibiting their work and those who visit it are entranced by the frenzy of design and beautiful constructions that are very gallery-focused, the aim and intention of the proposal was to shift the focus of attention back to "the outside." Moving all those lovers of beautiful spaces outside and returning them to the most magnificent space of all: the reflecting water surface of the Arsenale di Venezia. In order to do this, the project offers a series of constructions that serve as habitable spaces or surfaces to lie down on, individually or collectively, offering the possibility to reconnect with the site and to enjoy a peaceful moment by the water, to take one's time and to float into the landscape.

The pieces are natural stone leftovers and remnant raw pieces of travertine marble brought from remote quarries in the north of Chile and arranged in groups, following the lines of the urban waterfront; in this way, offering the closest possible contact with the water body and all along the largest surface area of the site.

Titled *"Catch the landscape,"* the exhibit was chosen by the Biennale to remain at the site permanently, as an indivisible component of the context and as outdoor furniture. The idea of "catching" the landscape, retaining it on the retina and in the soul and to make oneself part of it, resting and internalizing all the beauty perceived and received at the exhibition, was born of an original photograph taken at the water's edge during a first site visit: a lonely fisherman, the only one truly connected with the existing landscape.

"Catch the landscape" is an invitation to reconnect with the time that water owns and offers, with its sounds and silences and, above all, with its quality as a vital element that brings a message of harmony.

TREES

A tree is one of the most fundamental expressions of nature and of greatest benefit for humankind. We are alive because trees exist.

The oxygen they give and that we breathe is the result of the generous and vital process of their own breathing and with it the absorption of carbon dioxide. Together with the fresh fruit that feeds us, oxygen is one of the most essential and irreplaceable products for the life of mankind. The colors and textures of trees transform our thoughts, and uplift the spirit.

From the beginning of the history of human civilizations, the idea of the garden and the park—green spaces that offer shade and a setting for leisure and fruits that represent abundance, health and color—has been key to the positive development of life. In the diversity of landscapes of our planet, under varied climatic and geographical conditions, it is trees which form, structure and allow the idea of a natural "refuge." In the present day, on a planet whose surface is mostly covered by urban areas and urbanized land, disconnected from nature, trees symbolize the possibility of reconnection and of experiencing a sense of oneness again. A tree trunk leaning toward an apartment balcony, in any city, gives the urban resident another way to begin the day and another way to become part of the seasonal changes or to curl up underneath the shade of branches and leaves that, by chance, touch her or his small urban oasis.

What trees provide in the urban setting—besides all the positive attributes for the environment such as temperature regulation, benefits for local wildlife and the release of essential oxygen—is wellbeing. The connection with nature, the idea of healing, sanity and protection and the feeling of refuge that trees offer are values that city dwellers often take for granted and forget.

We need to be aware of and to always keep in mind the value of every tree, in every city and every green space, be this our little domestic garden or a dense forest.

As landscape designers we sometimes forget that a cluster of trees is already a valuable resource and a simply wonderful gift for those who visit a park. If we had to rely on trees alone to create a design, we would not be lacking anything to be in perfect tune with nature and to have the experience of immersing ourselves in it, to heal, to be rejuvenated and to find calm.

As a community, trees not only possess hidden and mysterious mechanisms that connect them but exude a peerless visual quality of beauty and an exceptional example of adaptation in the process of staying alive. If we get closer, look at, know, love and take care of trees we will have a better planet to inhabit.

Seasons, cycles, constant motion, changes and processes are represented by trees, as living beings, and in turn these things embody the essence of trees. Experimenting with shapes, colors, textures, shades and sunlight through the foliage is the gift we can offer to the urban dweller when we create a space with trees.

"*Being under the trees*" is the name of a permanent installation located in an important park in the city of Berlin, Germany, which saves a large portion of its surface for the exhibition of species and designs representing different regions of the world. The International Garden Exhibition (IGA) in 2017 incorporated nine spaces or "cabinets," in the form of stands enclosed by living fences, and Chile was invited to be represented.

With the objective of bringing the visitor closer to the experience of nature and especially that of woodlands—with their quietness and peace—the design recreates a forest in southern Chile with a tree species highly representative of the southern latitudes

of the planet which, however, grows perfectly well under the climatic conditions of Berlin. *Nothofagus antartica* or the Antarctic beech, known locally as Ñire, is an ancient tree and a survivor of extreme conditions; its distribution pattern around the south of the Pacific Ocean suggests that the history of the tree dates from times in which Antarctica, Australia, New Zealand and South America constituted a single land mass. Its beauty and hardiness to grow against odds are quite significant in the universe of trees, and its intricate structure and tough wood are signs of adaptation to challenges. Visually, the Antarctic beech displays a great elegance and the natural cover canopy made up of its branches becomes an ideal natural retreat to sit under, to rest and relax in the shade during the summer; in winter, the elegant branches let the warm sunlight come through and in the fall reddish hues take over the space.

Therefore, this design establishes a point of contact between diverse regions of the planet; it references a very old story and brings us back to the present by means of a simple "experience of being and staying under the trees." Through the geometry that defines the pavement design, built with travertine marble brought from quarries in northern Chile, an order is also established: the visitor can sit down or walk through the space feeling

secure and at the same time feeling free and connected with the wisest expression of nature.

The quality of "refuge" provided by trees in an urban context can be well understood in the project for the campus of Novartis Laboratories in Shanghai, China. Framed by a cluster of massive buildings, four courtyards of different sizes were the object of a design meant to provide resting and gathering spaces, as a kind of oases.

In this proposal, the most important decision was the incorporation of locally significant native species and trees, because for Chinese society the idea of nature has historically been of great relevance to their everyday life as much as in their ancient philosophy. The bond between people and trees, and nature at large, is intimate and special.

Three of the courtyards were designed by Chinese architect Zhang Ke and a fourth by Chilean architect Alejandro Aravena. Each space was planted with a single species, thus making up a series of small copses with distinct and easy to differentiate identities: for the first project, the garden of saucer magnolias (*Magnolia soulangeana*), the garden of Chinese elms (*Ulmus parvifolia*) and the garden of bamboo; for Aravena's project, the garden of dawn redwood (*Metasequoia glyptostroboides*), a tree deeply recognized as part of the culture of Shanghai and as a symbol of its landscape.

All the selected species are deciduous—with the exception of the bamboo whose light structure creates a very transparent texture—to allow the warm winter sunlight to break through, inviting those who work in the buildings to enter the courtyards and to enjoy a moment of connection with nature. In China, the mag-

nolia tree is loved because of its vivacious color display and its image of poetry and beauty that is repeated every year. The dawn redwood, meanwhile, is a tree of majestic size and graceful structure with slightly up-swept branches opening up to the sky, and with a spiritual character. Thought to be extinct until some eighty years ago, this species was rediscovered and its seeds distributed to experimental nurseries and arboretums, as a result of an expedition financed by the Arnold Arboretum of the University of Harvard in 1948.

In Novartis, the cluster of metasequoias planted in the site is visually connected to the ones planted on the streets, completing the immediate urban landscape and making a clear reference to the local identity.

In all cases trees were planted of very large size, found in local nurseries and requiring careful engineering work for the task of planting. Stone and wooden blocks, which refer to local materials and stories, offer outdoor surfaces and furniture for contemplation and gathering.

Every space is, in this way, a unique possibility to experience the calm and peace of a secluded copse.

FRUITS

The process of a flower turning into a fruit is surprising, as in the same way is the process of a seed turning into a tree; the cycle of life never ceases to amaze us. For this reason, close contact with the magic and the mystery of natural processes is achieved with clarity and beauty through productive landscapes.

The opportunity to experience and take care of the land and its fruits, in our present time when we are so disconnected from nature, is almost a sacred value.

An orchard, a vineyard or a cornfield invite us to feel part of nature in a strong way: it is no longer a solely visual fact but a complete experience that entails taking care of something that can be tasted and, above all, taking care of something that will feed us and whose produce allows us to live.

Sustenance for the body and soul, which are the same thing.

The iconic productive landscape is one of large areas of land, where uncountable rows of trees or plants are eternally repeated and multiplied; however, it is possible to bring a portion of land, small but unique, close to the urban dweller. *La Mariposa*, in Santiago de Chile, is a small-scale production center intended to meet the need to cultivate one's own piece of land and to have access to personally tended crops in the city. In this sense, it is just the same, be it the vast agricultural landscape or the small urban orchard or even the cluster of pots carefully set together in a kitchen: in each and every one of them resides the idea of production and with it the possibility of experiencing the nurturing of fruits, whatever the amount, the variety or the size.

The objective of food production, or other crops with utilitarian purposes, determines the functional character of a productive landscape; however, these landscapes exude an aesthetic and visually beautiful image that makes them quite distinctive. Beauty, in a landscape design, is the result of taking good decisions as

a whole, based on the management and knowledge of the site, the plants and their cycles.

The color variations of each grape variety in a vineyard, for instance, are an essential piece of information for the generation of chromatic groups, or the preference of olive trees and lavender for the same climatic conditions is an essential piece of information to combine their grayish textures. In each one of these cases, nevertheless, production comes first in the project and ends up defining the landscape as an entity with singular characteristics.

The productive landscape bears an individual value which is related not only to food production but to the tangible and direct possibility of confirming us part of nature. The taste, the fragrance and the texture of a fruit brings us back to life.

In the Casablanca Valley, in the coastal mountain range, a project is located where agricultural production defines the pattern of design and beauty.

Mostly planted with vineyards of different varieties and with a smaller portion of the land allocated to olive trees and lavender, the site is portrayed by a continuous succession of situations that change according to the cycles of sowing and harvesting of each species. Based on the specific changes of nature and the possibilities offered by the seasonal cycles—emulating the acts of an opera or the acts of a theater play which succeed each other to tell a story—it is intended to offer beauty throughout the year. In the winter the transparent structure of the vineyards becomes naked and exposed; in the spring and summertime the leaf buds appear along with the large fields of bluish lavender in bloom; in the fall the color of the vineyards' leaves changes again, turning to red, ochre and golden hues, and then comes the harvesting of the grapes.

The decision to create different expanses of color during the autumn mainly involves the grape variety grown in the largest quantity. With 85% of the fields allocated to the production of Sauvignon Blanc grapes, the color yellow prevails while, framing the areas closer to the residence, the reddish hues of Merlot and Pinot Noir grapes stand out. Working in association with the agronomist specializing in vineyards, the early stages of the design included the study of color samples based on the different grapevine possibilities, to make use of the particular beauty of the planting and to generate a diverse while easy-to-interpret place for walking and contemplation.

In the area planted with olive trees and lavender fields, footpaths were incorporated to enable visitors to walk through the cultivated land; immersed in a landscape of grasses and wild flowers, this combined system of planting and walkways brings closer the experience of the land and its fruits, its colors and rhythms.

In this way, the agricultural program defines the pattern of beauty and the visual impression enhances the agricultural choices, in a reciprocal relationship between production and aesthetic value.

At the same time, to this relationship between what is purely agricultural and its capacity to create sublime imagery there is

added another component that refers to the idea of the domestic garden or the one that invites visitors to simply stay under the trees, to gather or to stroll: a grid made out of the existing old native trees, complementing that of the vineyards. At those spots where maiten trees (*Maytenus boaria*) were originally planted, neat new spaces were created, with trimmed lawns and sets of tables and benches built out of the reclaimed wood.

Strolling, lying down, working and watering the earth are possible and necessary acts.

The mid-point in the transition of scales of productive landscapes, from the large-scale commercial plantations to the micro-production of an urban balcony or kitchen, can be seen with the project in Pirque: a semi-agricultural landscape that merges together and relates the ornamental traditional garden with one of domestic production.

Located near to Santiago de Chile, in a rural setting, this project portrays the idea of a familiar productive landscape through an orchard planted only with fruit trees; rows of pear, orange, tangerine, lemon, grapefruit, apple, apricot and fig trees offer the family members and those who visit the possibility of tending, viewing, harvesting and tasting the fruits.

In this case, the rows that define the planting scheme—and which in a non-domestic landscape would make up a rigid grid—are repeated in a way that creates "corridors." These linear spaces allow for walking and cycling, generating a landscape that can be enjoyed by kids and families, and are marked out by strips of tall grass species. In this way, the area alternates strips of cut lawn, where walking is possible, and strips of tall grasses that also reduce maintenance

work. The concept of boundaries is thus treated as a possibility for beauty. The golden and green hues of the ornamental grasses complement each other to be more vibrant and combine with the colors of the fruits, the structure of the trees and the natural surfaces of the distant hillsides. Following the course of a water channel that encloses the lot, a fence was built from discarded branches from the pruning of the neighboring walnut trees, reclaimed at the beginning of the project. Especially designed and handmade, this piece comprises not only a real boundary but also an important landmark in the landscape, appearing at different edges and levels of the land, repeating and reflecting itself. Therefore, each element of nature is treated as an object of artistic quality, conferring a caring and kind image that generates a deep connection with the surroundings and with the possibility of experiencing the processes of the earth and its fruits.

The opportunity to take care of a natural product and to make us aware of the value of food enriches and pleases us; it educates and gives further proximity to life.

Fruits are gifts, each one of them and as a group, as much for our body as for our soul. They remind us what we are made of and the value of the land; they immerse us in flavors, textures, images and fragrances, and they keep us alive too.

STONE

Stone is a noble material whose image and use refers to strength and perpetuity, to what is immovable and eternal.

Its origin and essence—that of the rock as a rough mineral element that is then polished or finished—refers to the fundamental composition of the continental surface of our planet and therefore to time cycles and dimensions that exceed our human capacity of awareness, perception and experience. There is a metaphoric quality of wisdom and stillness in the stone and that is why its appearance and touch moves us, fills us with respect and even conveys a sense of shelter.

Compared to our short timespan on Earth, stone seems eternal, even while it is not.

Its life cycle speaks to us of other times, other silences, other pauses. And this places us differently from our fast and fleeting lives.

In Chile stone is an ever-present element, as much in the mountain range as at the oceanfront. The intimate contact with it and with the landscape it shapes becomes identity and familiarity, identification and bonding. The projects in Italy—the Venice Biennale, 2016—and in Germany—the International Garden Exhibition in Berlin, 2017—use travertine marble from quarries in northern Chile, which was discovered only relatively recently (no more than twenty years ago). In both cases, meeting the particular requirements of each of the clients, the pieces were sent already cut and selected; traveling by ship from the new to the old continent, these pieces of white stone represent the landscape of a distant desert, its harshness, its faults and its story so rudimentary it becomes precious.

Representing another kind of stone, the project in China incorporates four solid blocks of local granite that make up, being set together, surfaces to be used as tables or benches. On this site, where a copse has been designed with large metasequoia trees and flanked by a massive building, the stone piece is offered as a counterpoint to that which is born and dies: the immoveable and

the permanent, the supporting and the containing. The stone as a strong gravitational center and as a reference to what is final.

In every design, materials are essential choices that complete and complement the presence of plants and life; within a range of possibilities, the stone is an element whose presence creates a mark and defines the space and the experience that comes with it, through a unique combination of strength and repose.

The choice of Chilean travertine as part of an artistic composition in the Italian landscape implies a subtle but definitive decision: there, where marble has made history and where it has been and still remains identity, architecture, art, city and everyday life, another marble is brought and exhibited, imported from a country in far-away South America.

Hundreds of years of white stone now flank and guard the history of a stone recently discovered and, in humble contrast but in a way of communication between peers, the "new" stone earns a place, showing off with the power given by youth and making itself effortlessly at home because it knows itself familiar, recognized and accepted.

The choice is subtle because it accepts and respects the fact that white marble is a key attribute for Italy, and is definitive because this "other" stone leaves the mark of a very distant—yet very present—Chile.

The pieces for the Venice Biennale, in 2016, were personally chosen in a quarry located in the desert of Calama; cut out from some ten large quarried blocks with very old machines that make the process even more emotional, the pieces' defining

measurement is their height of 60 centimeters, as required by a place for sitting. The marble pieces are not polished nor cut in an exact manner, nor guided by pure geometry; on the contrary, they are left with "impurities," faults and scars, reflections of

the extracting and cutting processes. Resting on small wooden pegs, once on Venetian soil and by the waterfront, creating a very strong link with nature, the stones are laid out apparently chaotically, yet with meticulous prior planning. The attentive and curious visitor can identify a number carved into each one of the stones; these numbers provide a silent order and reference to the concept of a "family" or group of pieces, referencing the block from which a certain number of pieces were cut. In this way, the possibility of tracing the origin and eventual reconstitution of the forms is established.

Chilean travertine is exhibited in Venice in all its possible textures and diverse possibilities of expression: polished, vein-cut, cross-cut, rough or fractured. Pure, naked, stoic, rebellious.

In the end, the design for the Biennale has been the most honest excuse for Chilean travertine marble to become known in the region of the West most deeply identified with the white stone, naturally incorporating it and making it part of the site through an inclusive and caring dialogue. The hints of caprice and rebellion, so typical of the young and the new, are concessions and poetic licenses that enhance beauty in a carefree manner.

In Punta Pite, nature itself carves out the rock and creates a point that extends into the ocean. The rock is landscape, origin, image and sound; meanwhile the stone— cut, hewn out, polished and dry-laid—is the project and the invitation to experience the landscape.

Here, the relationship between the natural raw material and the finished material, between the existing and the designed spaces, is present in a tangible and powerful way. This duality is a reciprocal

relationship where one and the other—the rocky landscape and the project made of stone—feed off and enhance each other in a continuum of time and space.

There is, however, a particular situation where this relationship can be clearly and poetically verified: the *poza* or basin.

The basin is a natural pool, a small space of serene water shaped by a roughly circular rock formation which, with an embrace, encloses and contains the water; in this case, in Pite, it is very close to the shore and to the beach that forms a point of arrival or departure for the stone path leading up to the highest point of the site. Over there, at the exact center of the *poza*, a lonely rock stands, whose chance to remain visible or hidden underwater depends on the tides, becoming a significant landmark in the natural landscape.

The project incorporates the rock and uses it as a geometrical center, in a gesture of recognition to a small sacred space, creating the lines that lay out a stone platform from where to arrive and to watch the water. This central point is the origin of all the lines that outline the lookout: the straight lines that converge in

it and draw up the stone edges' design and the soft curves that indicate level changes in the construction and appe r as portions of circumferences.

In the rest of the project—especially along the path built of stone and going up and down the rocky walls overlooking the sea—the concept of duality, contraposition and complementarity is confirmed over and over. In every portion of the path or the stairs, either with steps that go up and down and guide the visitor or with narrow terraces and short paths that make the progress through and the exploration of the site easier, there is an honest and thoughtful conversation between geometry and nature, the limited and the infinite, that which brings calm and that which gives energy.

All of the stone used for the project was reclaimed from a large existing stone pile abandoned at the site, engaging in this way with sustainable practices such as the use of locally sourced materials and the hiring of a team of local workers, each specializing in a task: cutting, polishing and assembling. The stone is thus a symbol of an integrated whole: origin and design, work and action, construction and poetry.

TRAILS

The overall plan of Punta Pite was drawn up long after construction, following a professional topographical survey. The project's development had been possible only *in situ*, as a handcrafted and very thoughtful work but with no measurements, site plan or formal drawings.

It was therefore necessary to set down the built project on paper, as a gesture of recognition, of order and even for the elemental beauty of the drawing. It also offered the possibility of experiencing and comprehending the landscape not directly through the senses, in a progression of images and stages, but from the cartographic representation of the whole.

On this rocky peninsula that extends into the sea it was hard to create an initial assessment drawing leading from a point of departure toward a destination point (or vice versa) in a traditional manner. For this reason, the survey was done later and forms the basis for a site plan to scale that faithfully reflects reality. Almost like intuitive stitches in a needlework that are afterward measured and written down, the drawing process was intended to share and to study the project's information: record and knowledge complementing the absence and the pure experience.

The possibility of surveying the site from the air with a drone, or from above with a site plan, allows us to add an intellectual component for "X-raying" the place. With the drawing, it is possible to identify the lines that were laid out in response to the geographical diversity: small marks that adapt to the place in a specific way. On the site, the experience is developed section by section, as far as the eye can see, with unique and surprising situations, without knowing what comes next and with no idea of the whole or the complete scale of the area. Conversely, the site plan delivers the image and the dimensions of the entire plan, realistically and accurately.

There is also the aesthetic value of the drawing, which exists because the conversation between project and original landscape has been clear and respectful, gentle but honest. The beauty of the visual expression on paper is possible because the composition and the design have created a dialogue with the geography, its lines and its curves, repeating and reflecting the same visual rhythm and cadence, solids and voids, all shaping movement and rest.

Punta Pite can easily be understood as the essence of the trail. In a place of so much power—the rocks, the ocean, the water crashing against the rocks—the project allows the connection between one point and the next. If the designed areas were removed, it would no longer be possible to experience the site.

A hike is an opportunity to experience the landscape. An experience is dynamic and depends on the eye of the beholder and the one who is sensing it; this is to say, it is completed and becomes unique through whoever is undergoing it.

The landscape designer takes in the essence of the site and offers, with the project, a way to walk through it, to perceive it and to take hold of it; the one who walks, in turn, experiences the place with their own feelings and physical and emotional reactions, making the trail a particular, individual and non-transferable private event.

A trail makes possible and enhances the experience of the landscape and it is the designer who provides this chance. Unlike the itinerary or the circuit, touristy or thematic, a trail in the landscape is not predetermined and leaves open the possibility to choose the next step, to take a detour or to go on and go back, without having lost any meanings or results.

TRAILS

In the field of landscape architecture, a walking trail is structural and represents one of the most important design components, as a consequence of having incorporated all the possible information about the site and to offer it as something to experience.

Making possible the feeling of entering and leaving a place, being in it, going through and moving forward, sensing how and when to take the next step: this is one of the tools a designer has at their disposal to bring the visitor closer to nature, be it subtly or brutally, hesitantly or with clear signs.

In this context, Punta Pite emerges as an iconic project for the concept of a trail. Set out as a pure and bare essence of the act of walking through a site, with nothing in the design other than the carved stone set on the uneven rock, making ascending and descending easier, the crossing and the progress, this project is a pathway and it means direction. It is definitely a pathway, potent and plain, and it means direction because it has been planned by walking the site; the construction process, also intuitive, was the outcome of having walked the site and indicating pieces and bridges in the land, with no maps or drawings to lead the way. Originally, the first decision of the project, and therefore the first step to be followed within the process of definition, was the choice of reclaimed stone as the only building material.

Then, the scale: the path's width is defined for a single person, to foster an individual experience and to leave the site as untouched as possible. Lastly, the project confers the highest visual value to the stone by using solid pieces that are laid "dry" without the use of mortar.

This prominence of the material, merging and shaping a dialogue with the original landscape, enhances the idea of the trail because it rejects any distraction or any presence other than the path to follow. In Punta Pite, the project is carefully thought out and reveals itself to be singular, wild and impossible to differentiate—neither in the experience nor in the mind—from the site that gave rise to it.

SIGNS

The word "sign" is one that bears a load of poetic and profound meanings which convey a sense of progress and discovery by means of external elements and also through one's own feelings and those of others.

A simple dictionary search shows that the word "sign" leads to other words such as "mark, trace, evidence, clue, hint, testimony, symptom, demonstration, manifestation, suspicion..."

In the landscape, signs are articulations between the site and the one who walks through it, the one who visits it or inhabits it. Articulations in the sense of a forged bond in the form of an image: a stone, a cluster of stones, a planted area with a particular design and different from the rest of the project; each and every one of these compositions as a message, as a piece of information, as a memory, as some direction or simply as a desire.

The signs in the landscape, could also be thought, understood and defined from two different perspectives: the signs left by nature to the one who designs, and the signs that they who design leave for the visitor or inhabitant, as part of the project. The first can only be perceived through a great sense of observation and with a total predisposition to be "filled" by the nature of the site; in doing this, one must arrive to the site empty of all preconceptions, all orthodoxies and all previous baggage. The latter, the signs that are left as part of a plan or a design, remain left to chance or more precisely to the attention and the will of others who will inhabit the place in their own way and with their own possibilities.

Therefore, signs are always made of subtleties. They don't define and don't take for granted any possible action. They remain as messages and marks that can even remain unseen, or ignored. A few of them are more defining and definitive, with an objective or a functional need.

In a landscape project, signs represent one of the most sensitive aspects of the design process. This is because the perception of signs—those significant presences placed in a site which become unique indications and marks—is achieved with a high

degree of sensitivity to watch, look, listen, smell and to become one with the site and its essence. At the same time, the possibility of creating new signs—objects placed with a certain connotation or purpose, reminders and meaningful compositions—is made real once the original essence of the place is identified and absorbed, to be carried and passed on as a message for others.

Signs carry messages about the site and its varied possibilities—be they drafted or left to chance—to get to know it and recognize it.

Signs guide us.

In the Hotel Tierra Atacama project, in the desert from which it takes its name, a very special presence was found during the early stages of the site's preliminary assessment:

a bird native to Chile that had probably been living on this site for all the long years of its abandonment; for this reason, the bird was the informal owner of the land, free, flying low and defined as a key component of the landscape. The *Pequén*, or *Tecolote llanero*, is a type of small owl that lives in grasslands, agricultural areas and deserts. In this case, since man had been absent from the site for several decades, the *Pequén* and its family lived freely in a portion of the land where they had been nesting. This vital and singular presence was clearly taken as a sign and it was decided, from the beginning, to safeguard the habitat as a "protected area." In this way, the orchard for Tierra Atacama was planted and grew around this bordered area and, for the same reason, visitors are not allowed access to this spot.

This simple decision, that also became a sign newly incorporated into the site, allowed the generation of a space of preservation for a wild animal, within the boundaries of a smart hotel, not only strengthening bonds with the landscape but also with its specific fauna.

In Kawelluco, in the Patagonian forests of Pucón at the op-posite end of Chile, during initial site visits to the lot and before starting the architectural project and the landscape plan, a series of oak logs was found embedded in the ground with clear signs of having been used as a boundary fence. Visibly old due to the condition of the wood, and with the holes following a vertical pattern, these posts were taken as a former landmark and as a

reference for the new fence. Beside them were recreated some fence segments where the new posts replicated the old design, both in the way holes support the horizontal pieces and in their height and width.

When observing the new fence, whose function is not so much for land demarcation but for honoring the signs of the original landscape, other people and other uses, it is possible to recognize a dialogue between the old and the new, past and present. Bonds are forged with space and time, and are born in signs found in the landscape, taken to value and continue an existing story.

In the midst of the grasses that grow naturally across the site, dotted here and there with wild orchids, a rectangular block of timber was added that can act as a bench or a surface to rest on. The signs indicate and suggest the best spots where it is possible to take a pause and look at the natural scenery, or to enjoy sounds and silence, being and breathing.

In the Huentelauquen valley, located approximately 400 kilometers to the north of Santiago de Chile, an earth-sheltered residential project was developed, built completely underground and overlooking the sea.

The landscape of rock and steppe, with the sound of the omniscient nearby ocean, is always to the fore, and it is only when descending through the rocks or from the large sand beach extending below, that the house can be appreciated. This concept of a "hidden house" demanded a sign, an arrival notice or an indication toward the main entrance from the road; to this end, a linear composition of seven pointed, wide-based rocks was used to define an arrival path and make up a special landmark on the flat land. With a slight reference to emblematic elements that

mark out the action of moving through the landscape—menhirs, monoliths, moabis—these rocks subtly but eloquently represent the concept of path, arrival and boundaries.

Here, the signs are left for the visitor; using discarded material from the construction and blending colors, textures and shapes into the natural scenery.

Getting lost before arriving might also be an option, and therefore an adventure.

In Punta Pite, the landscape of rock is essence and sign, and the project is sign and guide. The message is in both cases subtle but also clear: the rocky landscape is a message of powerful nature and, in turn, a cluster of three stones incorporated into the path is a message intended as a hint for the walking trail. However, the latter might as well become forgotten; so strong has turned out to be the link created between the original landscape and the placed signs that those who walk might even take the placement of the stones as part of the site's natural formation. In a detour

from the path whose continuation is not quite visible to the visitor/walker, the project offers this indication: three rocks that might be taken as part of the original landscape or, depending on the attentiveness of whoever is walking through the site, might be the assistance required for the next step along the way. Humble but ever-present, these three rocks were placed during the construction work as a simple marker for an English journalist who walked alone along this part of the path; and there they stayed, subsequently fixed to the rocky soil and now permanent, stoic and filled with history.

In the *poza*, the central rock was covered with a bronze laminate that replicates a fish-scale pattern; depending on the tides, this sculpture is visible or hidden underwater. In the same way day and night are naturally differentiated as vital signs of our daily progress, high and low tides get exposed as signs of the forces of our universe.

The bond between the moon and the sea is brought to our attention by means of an aquatic, sublime and lonely sign.

ESSENCE

When we refer to the essence of a place, a site or a landscape, we are anticipating and picturing the specific image that reflects its character, genuinely and plainly. It usually concerns a number of details that combined represent that very place, but it could also be one single detail or a unique, irreplaceable and meaningful presence.

As landscape designers or landscape lovers, it is always necessary to breathe in and get a feeling of the particular nature of the site when visiting it for the first time; the nature of the site as the inherent qualities of this land and the original physical arrangement of its natural elements. At this first moment, the one we should know is the most revealing and inspiring before any process of intervention, we need to be completely in tune with the precious and generous art of observing nature, intimately connected to the gift of listening to nature. Let the earth and water talk, the trees and also the particular silence of a place; once everything which is and which is not there is incorporated, it will be possible to offer something and to create a proposal or a plan.

This act of immersing ourselves in what the site is and what it has to offer allows us to access a piece of pure information that must not be contaminated with external ideas or extravagances. We become attached only to what is essential.

In Huentelauquen, what is recognized and taken as the only starting point and essence of the project is the extraordinary natural scenery and the way the house becomes a grand lookout opening onto the ocean. The breathtaking views from the earth-sheltered house and the cliffs dropping down to the beach leave out any prospect of a traditional garden; instead, the project clears the rock and introduces a wide wooden path that reaches toward the farthest possible extreme of the site before dropping down. The design, caring but powerful, presents textures and shapes that appear primitive and brutal, increasing the most original and singular beauty.

This is what the veneration of the nature of places is about, for others to be able to recognize it with ease: finding the essence and the original force of the landscape and enhancing it through a project. The colors, for instance, are the colors of the natural scenery: the sepias and golden hues of the desert, the gray, white and blue of the ocean and the rocky shore, the green and silver tones of the woods. These can always be incorporated into the design or be borrowed through new elements and plant arrangements that recreate, copy, reshape and camouflage. The landscape project reasserts the essence of the place and it is inspired by it.

In Tierra Atacama, the only plant that survived decades of abandonment and of severe drought was the *cachiyuyo* or *Artiplex atacamensis*, a sturdy colonizing bush, native to this desert region.

Although they could have been considered weeds these clusters of shrubs were not only safeguarded by the project at their original location, recognized in early stages of the site survey, but because of their evocative enduring quality they were incorporated into and given prominence in the site's new layout, almost as sacred elements.

Mostly dedicated to agricultural development and experimental orchard planting, this site offers a variety of productive landscapes; however, the clusters of *cachiyuyos*, bathed every day by the golden hues of the exceptional San Pedro sunset, remain as a presence that refers to the history of the site and that enhances the barren image of the Andean desert. At some particular spots, where terraces and decks are available for use by the hotel's guests, the *cachiyuyos* are pruned to create a different and "tidier" aesthetic that is even more noticeable against the natural background of the copses of *chañares* (*Geoffroea decorticans*).

Planted to the side of a group of carob trees (*Prosopis atacamensis*), the *chañares* are the native trees that also survived in the area. The project preserves and completes these copses and after a few years they look as if they have always been there, becoming part of the existing woods, with no possible differences or distances. At the very end of the lot, away from all planted areas and the spaces for relaxation and recreation of the hotel, a small space appears that reveres the original landscape and its most essential components: a lonely native carob tree that is preserved as a unique witness to the history of the place, magnificent and wise, with some wooden benches placed underneath as an invitation to remain silent. Enclosing the space, a series of low adobe walls with stone footings refers to the image of the desert's original scenery and isolated towns, its materials, its colors and its building techniques.

As an essentially infinite place where the landscape extends toward an unreachable horizon, the desert represents a place of survival. Although very sparse and effortful, life here is a unique expression that has to be taken care of, preserved and even worshiped. The essence of the desert landscape resides in the most basic, simple and vital elements: the sunlight, the trees and the secluded shrubs, the thread of water that traverses the naked land, the stone...

In its bare and earthy image, pure and silent, the desert calls out to us. And this is the call the designer intends to recreate, to repeat and to make others listen.

In southern Chile a residential project has been developed by the shores of Lake Villarica, in a wholly native forest. In this case, the landscape plan is conceptually rooted in the woods, allowing and enhancing the experience of being immersed among the trees, with a series of circles made of stone that act as reference points within a dense and secretive landscape.

Made up of Antarctic beech (*Nothofagus antartica*), ulmos (*Eucryphia cordifolia*) and canelos (*Drimys winteri*), this forest grows so dense that without a reference marker it is difficult to identify a specific spot or a clearing; for this reason, the project presents a number of subtle stone constructions of curvilinear shapes that from afar seem to vanish in the landscape, but from close up define recognizable spaces, different from one another. Six stone semicircles and a single full circle—which is used for water collection and eventually for the site's irrigation—make up an almost sculptural composition that guides the visitor through the area and offers a reason to pause.

Set apart from each other but always possible to be made out, the semicircles frame patches of understory vegetation and in every case add one unexpected detail, a plant arrangement or a cut into the stone edge, allowing a quick identification of each area and leaving a seductive feeling of what is unveiled little by little.

But these pieces are not only about shapes and indications; they also fulfill a particular and illustrative task: the varied height of the semicircles describes the natural topography of the land, its undulations and soft elevation changes.

As a lowland area extending at the side of the house and the entry spaces, the site presents a change in elevation of up to one meter. The semicircles vary in height correspondingly, growing from the lowest point of elevation of the natural grade to a height of one meter at their central point; in this way they indicate the

site's different levels and at some points they offer the required height for sitting.

The restoration and clearing of the land, which had been seriously damaged by construction work, come together in this project with a delicate and abstract intervention, healing and recovering the essence of the place. The cold and rainy forest in southern Chile, of humid ground covered with fallen branches and trunks reaching for the sky and competing for sunlight, is marked out with these masonry curves that invite us to extend the gaze always further beyond.

By making a stop and keeping an eye on the next landmark, visitors get to know the forest more deeply, understand and decipher it; they explore its essence and become one with it.

SILENCE

Landscape

is silence

SILENCE

Silence is a profound experience of connection with the most essential nature and therefore with our own essence.

In silence we know ourselves and know the other. In silence we observe better, listen better and we recover from the overdose of stimuli that gathers in cities, in information and in hustle and bustle everywhere.

Silent landscapes invite us to take our time and to delve into silent moments...

As designers we possess the precious possibility to offer opportunities of silence and for silence, of intimacy and of the ability to listen. These opportunities might be considered paramount in a landscape project because they harmonize us and connect us with a spiritual sense that, if given the chance, is exuded by every site.

The ocean, with all its powerful presence, offers us silence. Silence as musicality and as a constant whisper that speaks to us about deep water and deep blue, about the infinite horizon and the origin of all things.

Silence is an attribute of nature and certain projects are invitations to discover it and to take pleasure in it. Even when this silence has sounds—be it the water crashing against the rock, the wind gently blowing through the branches or the distant whistle of a lonely bird—this feeling is about approaching an infinite calm only possible in the natural scenery. Setting out the natural sceneries for them to be heard is part of a sensitive process of design.

The sunrise over a reflecting pool of water, framed by a light mist or groups of low clouds, with reflections and chiaroscuros: silence.

The project that embraces the visual and spiritual value of these elements leads us toward silence, it lets us be immersed in it and connects us with a different vibration; in the same way, in a musical composition silence is a musical note that is not played, in a landscape composition silence is an absence, an invitation to walk a solitary path or to remain quiet, a space that receives the white snow and that eases us with its power to abbreviate any landscape.

When falling, snow is silent. And this creates magic. In its slow but copious movement, the mass of thick white precipitation seems to demand a thudding sound; however, nature has wanted silence for it.

The visual power is even greater as a result, and the feeling of what remains in the memory for a long time (or forever) is intense, replacing the power of noise. Silence that resonates, silence that stays.

The images of snow are silent.

Landscape, when taken over and blessed by snow, brings us silence and peace. It unites us with the essential and with the invisible at first sight because it leaves exposed only some elements and a few colors, reducing the quotidian but boosting universal essences.

In the Lo Curro project, where a humid and wood-like landscape on a hillside has been created through which water descends, leaving along its path an ever-present but hidden distant sound, the silence of nature is registered in many ways and in many twists and turns. In winter the snow covers the surfaces of branches that extend outwards and the floor of the narrow paths that wind through the woods.

The landscape of silence settles in, enveloping everything; it is felt and perceived, it slips through and takes the leading role.

Landscape is silence.
Silence is landscape.

HUMAN NATURE

Ich	bin	N
Du	bist	A
Er	ist	
Sie	ist	T
Es	ist	U
Wir	sind	R

We are Nature.

As individuals (in first-person singular) and as a group (in plural) we are all Nature.

This is and must be a statement, a profound recognition and a profound commitment. We are "a child of the universe, no less than the trees and the stars..."[2]

Knowing ourselves to be Nature leads toward certain truths now impossible to avoid: it makes us equal to all living beings that inhabit this planet; it moves us away from the position reaffirmed over hundreds of years that we are superior beings simply because we are humans; and, in a compassionate and essential way, it takes us back to the acknowledgement and acceptance of our vulnerability.

We are vulnerability.

We are change and motion. Our existence is a "going" and not a standing still in permanence; our existence is a "passing" from one cycle to another, inevitably yet wisely adapting. Wisdom, in fact, means admitting that not only is it not possible to avoid adapting, but embracing it is the only way.

As an indivisible part of Nature, humankind too has been gifted with the power of adaptation. Although we have thought and believed that everything around us is what could and had to adapt to our needs, the present times are demonstrating to us in so many ways that adapting—in the harmony and the balance of Nature—is our only option for survival.

We are Nature...

2   POEM DESIDERATA, by Max Ehrmann (quote and reference)

In June 1963, during a visit to the city of Berlin two years after the construction of the wall, President John F. Kennedy delivered a speech that has remained in history as one of his most eloquent and most cited. In this speech Kennedy delivered a short phrase in German that in English means "I am a Berliner," becoming himself another one of the Berliners—then divided and deprived of freedom—and establishing a strong emotional bond with them. *"Ich bin ein Berliner"* are the original words.

Leaving aside all political references and only drawing a parallel with the passion and great sensitivity with which it was delivered, these words and this language are brought over here to create a simple play on words in reference to our essence as beings of nature. The German language is, because of phonetics and its consequent auditory weight, probably more powerful than many other languages. This is the only power applied here in order to make the enunciation of these words more passionate:
Ich bin Nature; Wir sind Nature.

From the first-person singular and reaching to the first-person plural, the conjugation of the "verb: to be Nature."
I am Nature. You are Nature. We are Nature.

Perhaps it is simply about recognizing a new verb, ascribing a new sense to words and thoughts. The verb as a possibility for action and identification in every possible person. The verb "to be Nature" as a compact phrase that cannot be broken either by grammar or by thinking or by any other way of living our lives. The verb "to be Nature" as statement, as exclamation and as demand, to accomplish coming back to our original sense. We are Nature. Human Nature.

Let's deliver and repeat this phrase with power, in this language and in any other; it doesn't really matter which one.

The essential thing is that we are one and the same creation of one and the same universal nature, going through cycles that shape our lives...and moving in an infinite cosmos...in constant expansion...

Teresa Moller is a well-known Chilean Landscape Architect who has been working in the field for the past 35 years. She taught herself over the years working on a variety of projects of different scales, including Punta Pite, Parque Periurbano de Calama in Chile and international works in Shanghai, China; Cumelén, Argentina; Sydney, Australia; Corsica, France and a permanent exhibition for IGA Berlin, 2017. She was invited in 2017 to participate at the Venice Biennale, and in 2018 to be a juror at the Barcelona Architecture Biennale. In 2020, she was nominated to receive the World Award for Sustainable Architecture UNESCO, Paris, for her contribution to sustainable development. Her work approach is unique. Careful observation and awareness of the landscape is key to her for developing successful social-culture projects. Making nature accessible to people so they can connect and value nature around them is essential to her work philosophy.

Jimena Martignoni is an architect with postgraduate degrees in Landscape Planning (UBA) and Environment, Society and Economy (FLACSO). Since 2004 she has been a curator and freelance writer specializing in urban and landscape design projects in Latin America. She is a regular contributor to international magazines based in the USA, Europe, China and Dubai and is the author of various books with publishing houses in Spain, China, Mexico and Chile. She has been an associate professor at the Landscape Architecture Graduate Program of the Di Tella University in Buenos Aires and a guest professor at several universities in Latin America. She was invited to be part of the international jury of the First Latin American Landscape Biennale (Mexico, 2014). At the present time, Jimena is working on projects whose main objective is to raise awareness about the preservation of biodiversity on the planet, sustainable use of natural resources and Nature-based solutions for current urban challenges.

Reflections in the landscape was printed and bound in September 2021 by Offset Rebosán in Mexico. It was printed on 90 gsm Bond paper and 115 gsm Couché and set the typefaces GT America by Grilli Type and Columba Text by Colophon Foundry. The print run was 2,000 copies.

Con base en la conjugación del verbo "ser" en alemán, un idioma fuerte en su sonoridad, se crea un juego de palabras que nos lleva a repetir y afirmar con vehemencia que "somos Naturaleza", todos y cada uno.

La palabra Nature atraviesa en el dibujo a todas las personas (gramaticales y reales), animando a una nueva y mayor consciencia de lo que somos. Se hace creencia y grito de identificación: todos somos Naturaleza[3].

Based on the conjugation of the verb "to be" in German, a language powerful in its sound, a play on words leads us to vehemently repeat and reaffirm that "we are Nature," each and every one of us. In the drawing the word "Nature" crosses all persons (grammatical here but alluding to real ones), thus encouraging a new and greater awareness of what we are.

As a consequence, this becomes a belief and a call for identification: we all are Nature[3].

3 Este gráfico ha sido utilizado por Teresa Moller en varias de sus conferencias y charlas, como un "statement" personal y como invitación a reconocernos todos como Naturaleza.

3 This graphic has been used by Teresa Moller in many of her lectures and conferences, as a personal "statement" and as an invitation to recognize us as Nature.

Ich	bin	N
Du	bist	A
Er	ist	
Sie	ist	T
Es	ist	U
Wir	sind	R

La nieve se cuela entre las ramas las laderas frondosamente plantadas en Lo Curro. Los colores se desvanecen y el blanco se apropia del lugar, envolviéndolo en un silencio profundo.
La quietud y la paz de los paisajes nevados son una oportunidad para una conexión profunda con la naturaleza.

Snow spills through the branches of the densely planted hillsides of Lo Curro. Colors fade and white takes over, enveloping it in a profound silence.
The quietness and calm of snowy landscapes are an opportunity for an insightful connection with nature.

En Casablanca el agua se canaliza a través de
una ladera para luego ser recogida en una laguna.
El espejo de agua deviene superficie que refleja
el paisaje a todas horas. En este amanecer cargado
de bruma, el paisaje invita a estarse en silencio.
El paisaje es silencio.

In Casablanca water is channeled down a hillside
and ultimately collected in a lagoon. The water
becomes a reflecting surface that mirrors the
natural setting at all hours. In this misty sunrise
the landscape invites the visitor to remain silent.
Landscape is silence.

El bosque nativo del sur de Chile, húmedo y secreto, es referenciado con construcciones de piedra que se suceden y se combinan. Varios semicírculos contienen el paisaje de sotobosque mientras que un único círculo recolecta agua: sean superficies térreas y verdes o espejo de agua que refleja y repite claroscuros, estas piezas invitan a sumergirse en el paisaje y ayudan a identificar los espacios, como brújulas de suelo.

The native forest of southern Chile, humid and secretive, is referred to with stone constructions that come one after the other and are visually combined. The various semicircles enclose patches of the woodland understory and a single full circle collects water: be they earthy and green surfaces or a water mirror that reflects and repeats chiaroscuros, these pieces invite us to delve into the landscape and help to identify spaces, like compasses of the ground.

Los cachiyuyos, los algarrobos y los chañares son las especies nativas del desierto atacameño que sobrevivieron en un sitio abandonado durante décadas. Las plantaciones se reconstruyeron y los bosques se reconstruyeron, tomando el paisaje original como inspiración y devolviéndolo a la vida para que el visitante silencioso reconozca su esencia.

The cachiyuyos, the carob trees and the chañares are the native species of the Atacama Desert that survived over many decades in the abandoned site; the planted areas were preserved and the woods were reconstructed, taking the original landscape as inspiration and bringing it back to life for the silent visitor to be able to recognize its essence.

En esta casa enterrada en un paisaje de estepa y borde marítimo, las vistas espectaculares hacia un río que llega al océano y la íntima relación con las formaciones rocosas se entienden como la esencia del sitio. Esta comprensión del lugar genera una propuesta que acompaña y potencia la experiencia de mirador natural, con elementos simples y colores sutiles que se funden con la naturaleza.

In this earth-sheltered house, in the landscape of steppe and ocean, the magnificent views toward a river that reaches out to the sea and the intimate relationship with the rocky formations are considered the essence of the site. This understanding of the place leads toward a proposal that accompanies and enhances the experience of a natural lookout, with simple elements and a subtle palette of colors that blend with nature.

La escultora Aymara Zégers diseñó una lámina de bronce para cubrir la roca que emerge en medio de la poza. Mientras trabaja en la fijación a la superficie rocosa, la marea permanece baja.
La escultura se incluyó en el proyecto de Punta Pite para señalar la dinámica de las mareas y dejar un recordatorio continuo de los ciclos naturales, tantas veces ignorados.

Sculptor Aymara Zégers designed a bronze laminate to cover the rock that emerges in the center of the "poza", while she works in the assembling of this piece on the rocky surface, the tide remains low. The sculpture was incorporated into the project to mark out the tides' dynamics, leaving a constant reminder of natural cycles, so often ignored.

En Punta Pite, tres piedras señalan la continuación del camino. Aunque puede confundirse con el paisaje, esta composición cumple fielmente la función de demarcar la dirección a seguir. En las fotos se percibe cómo el acercamiento a las piedras hace que la señal sea cada vez más clara.

In Punta Pite, stones indicate the continuation of the path. Although they could be assumed to be part of the landscape, this composition faithfully accomplishes the task of demarcating a direction to follow. The photos show how by getting closer to the stones, the sign becomes more and more evident.

La llegada a la casa en Huentelauquén, enterrada en los acantilados sobre el mar, se anuncia con una hilera de piedras locales remanentes de la construcción. Esta línea en el paisaje marca el acceso y facilita el avance del visitante perdido.

The arrival to the house in Huentelauquén, buried in the natural slopes of the cliffs overlooking the sea, is indicated with a row of pointed, wide-based rocks, discarded during the construction. This line in the landscape defines the access route and makes the visitor's way toward the house easier.

Los suelos también presentan señales, como las orquídeas que aparecen en un momento determinado del año y anuncian un clima. En este contexto de bosque nativo, una pieza de madera apoyada en la superficie natural ofrece un aviso y una invitación al detenimiento y a la contemplación del lugar.

The ground is another surface where signs appear or are presented, such as the orchids that bloom at a certain time of the year, announcing a given season. In this context of native woodlands, a piece of wood lies on the ground and offers an invitation to pause and contemplate the natural environment.

En Kawelluco se encontraron unos postes que previamente conformaron cercos. El proyecto de paisaje emula la imagen de estas piezas y las recrea para el armado de nuevos límites en el sitio, usando estas señales como referencia de diseño.

In Kawelluco, a series of trunks was found that in the past must have formed fences; the landscape plan emulates the image of these pieces and recreates them to build new borders within the site, using these signs as a reference point for the design.

En el terreno para el proyecto del Hotel Tierra Atacama, abandonado durante décadas, vivía junto a sus crías el Pequén, un ave nativa de Chile. El diseño de paisaje preservó una importante área de protección alrededor de su madriguera, tomando esta existencia como señal de la vida silvestre en el sitio y su perduración en el tiempo y el espacio.

In the land of Tierra Atacama, abandoned for decades, there lived a bird native to Chile with its chicks, the Pequén. The landscape plan preserved a large protected area around its nest, taking this preexistence as a sign of the wildlife in the site and its endurance in time and space.

El título de la muestra para la Bienal de Venecia fue marcado en lápiz en una de las rocas de mármol travertino, recién cortadas en la cantera. Luego, la frase fue tallada en esta misma pieza y permanece en Venecia como recordatorio y estímulo para conectar con el paisa_e.

The name of the exhibit for the Venice Biennale was written with pencil on one of the travertine stones, just cut in the quarry. Afterward, this line was carved out in the same piece and resides in Venice as a reminder and a motivation to connect with the landscape.

Un recorrido es estructural para cualquier proyecto en el que se quiera ofrecer una experiencia cercana del paisaje y una vivencia sensorial, guiada aunque no predeterminada.
Punta Pite es en esencia un recorrido.

A trail is structural to any project that is meant to offer a close experience to the landscape and one lived with the senses; guided but not predetermined. Punta Pite is in essence a trail.

La representación cartográfica de un recorrido tiene un valor estético *per se*. Sin embargo, la función primera del mismo es el conocimiento exacto de las partes y el todo. La experiencia en el sitio llega hasta donde llega el ojo, pero el proyecto puede comprenderse de modo completo en el plano. En Punta Pite, el levantamiento topográfico fue posterior ya que el diseño fue un proceso *in situ* debido a las condiciones de un terreno de naturaleza agreste y de topografía compleja.

The cartographic representation of a trail holds an aesthetic value *per se*. However, its primary purpose is to provide exact information about the parts and the whole. The experience at the site stretches only as far as the eye can see, but the project can be understood fully from the site plan. In Pite, the topographical survey was carried out later because the design was an *in situ* process, due to the rough natural conditions and complex topography.

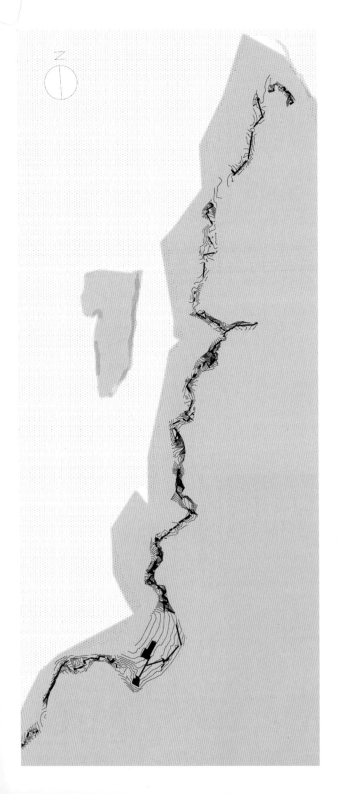

La dualidad y complementariedad entre paisaje original y diseño está presente en cada tramo del proyecto en Punta Pite. En la poza, la roca que emerge del agua se toma como centro geométrico para generar las líneas que deﬁnen el diseño de la plataforma de piedra, para acercarse y observar. Hacer al visitante parte del paisaje es un objetivo clave.

The duality and complementarity between original landscape and project is there in every portion of the design for Punta Pite. In the "poza," the rock emerges from the water and is taken as a geometrical center to create the lines that define a stone platform, to come close and watch. Making the visitor part of the landscape is a key objective.

La llegada de los bloques a Venecia, ya cortados y seleccionados en Chile, es una imagen contundente que expone la cantidad disponible y la fuerza de la piedra en el sitio. El detalle de los números tallados en cada pieza es un pequeño gesto que refiere a la identidad de cada grupo pétreo y su pertenencia a cada uno de los grandes bloques en la lejana cantera.

The arrival of the marble blocks to Venice, cut and selected in Chile, is an overwhelming image that reveals the amount of stone and its significance in the site. The detail of the carved numbers on every piece refers to the identity of every stone group and the relationship with the large blocks in the far-away quarry.

En China, el granito local fue el material elegido para incorporar elementos y superficies para sentarse o apoyar dentro de un espacio de ocio y encuentro. Los bloques macizos descansan en el suelo, inamovibles y definitivos, como contrapunto al bosquecito plantado con metasequoias.

In China, local granite was chosen to include elements and surfaces for sitting and resting on, in a space imagined for leisure and gathering. The solid blocks rest on the ground, immovable and definitive, as a counterpoint to the copse planted with metasequoia trees.

La piedra es un material esencial en una gran variedad de proyectos. Las canteras de travertino blanco, en el desierto del norte de Chile, han sido el origen y la musa inspiradora para la Bienal en Venecia y la Exposición Internacional de Jardines en Berlín.

Stone is an essential material for a great variety of projects. The quarries of white travertine, in the desert of northern Chile, have been the origin and the inspiring muse for the Biennale of Venice and the International Garden Exhibition in Berlin.

En este proyecto de producción de escala familiar, localizado en Pirque, el huerto de frutales se planta de modo que se puedan dejar corredores caminables entre los árboles para disfrutar una experiencia íntima del paisaje, recoger los frutos y probarlos. En el terreno, los cercos que definen límites son troncos de nogales sobrantes de los procesos de poda.

In this project of family-scale production, in Pirque, the fruit tree orchard is planted in a way to leave some paths between the trees, to allow an intimate experience of the landscape when picking and tasting the fruits. The fences that mark boundaries are made from branches collected when pruning the walnut trees.

En el valle de Casablanca, el proyecto de paisaje de producción se conforma con una extensa plantación de viñedos con cepas de uvas diversas y una plantación menor de olivos y lavandas. Cada una de las composiciones aportan sus variados colores al paisaje, haciendo eco de las diferentes estaciones del año. A través de la fórmula agrícola, se define un patrón de belleza.

In Casablanca Valley, the production project is defined with large vineyards planted with diverse grapevines and a smaller plantation of olive trees and lavenders. Each one of these compositions offer a variety of colors, echoing the different seasons of the year; in this way, the agricultural formula establishes a pattern of beauty.

En La Mariposa se experimenta con algunos pequeños cultivos de modo artesanal. Este pequeño grupo de granados, inmediatamente después de la cosecha, expone el típico color intenso de esta especie y su gran valor ornamental. Fotografiados casual aunque artísticamente, estos frutos generan un patrón de belleza.

In La Mariposa, some experimental small crops are organically grown. This small group of pomegranates, immediately after being harvested, show the typical vibrant color of this tree species and its great ornamental value; casually but artistically laid out, these fruits create a pattern of beauty.

Los magnolios, con su floración de colores intensos, son árboles muy venerados en China.

En este complejo de oficinas de gran escala urbana, situado en Shanghái, se generan claustros con especies arbóreas que dan identidad y ofrecen un ambiente de reposo y conexión con la naturaleza.

Magnolia trees, with their bloom of vibrant colors, are dearly loved in China.

In this large scale urban business campus in Shanghai, the design creates courtyard green spaces with tree species that confer identity and offer an ambiance of repose and connection with nature.

En la Exhibición Internacional de Jardines (IGA), en Berlin, los árboles marcan y definen el espacio, con su follaje protector en el verano y su elegante estructura en el invierno. La especie elegida, icónica de los bosques de Chile y del borde meridional del planeta, crece perfectamente en estas latitudes de Europa. El *Nothofagus Antártica* es hito y símbolo.

At the International Garden Exhibition (IGA) in Berlin, trees mark out and define the space, with their protective foliage in the summer and their elegant structure in the winter. The chosen species, iconic to the forests of Chile and to the southern edge of the planet, grows perfectly in these European latitudes. The *Nothofagus antartica* is a landmark and a symbol.

Los bosques de *Nothofagus* en el sur de Chile se cubren de diversos tintes de rojos durante el otoño y luego, en invierno, dejan a la vista su elegante y potente estructura. Este árbol es un ícono del paisaje de Chile: sus formas, sus colores y su existencia a través de miles de años.

The *Nothofagus* (southern beech) forests in southern Chile are covered in many hues of red during the fall and then during the winter expose their graceful and strong structure. This tree is an icon of the landscape of Chile: its shapes, its colors and its existence over thousands of years

En Venecia el agua es una presencia única y primordial. Sin embargo, sólo un pescador solitario parece ser consciente del paisaje. Esta imagen es la que inspiró a crear la muestra "Catch the Landscape!" para la Bienal de Arquitectura, ofreciendo al visitante una experiencia de contemplación y sosiego frente al borde de agua urbano.

In Venice water is a unique and primary presence. However, only a lonely fisherman seems to be aware of the landscape; this image was the inspiration to create the exhibit "Catch the landscape!" for the Biennale of Architecture, offering the visitor an experience of contemplation and repose by the waterfront.

En Punta Pite la piedra se hace escultura… que se hace vasija… que recolecta agua.
El agua se expone en formas y escalas variadas: la del océano y el paisaje original y la que se junta por la lluvia en las hondonadas propias del terreno, marcando antiguas historias, como en la pieza tal'ada.

In Punta Pite the stone becomes a vessel that collects water.
Water is present in diverse shapes and scales: that of the ocean and the original landscape and that of the collected rain; in the hollows of the land, indicating old stories, and in the carved stone.

En Lo Curro, Santiago de Chile, el agua desciende a través de los desniveles naturales del cerro para finalmente ser recogida en un doble círculo de piedra. En este punto, el agua se filtra y luego se distribuye para riego. A través de las estaciones del año, el paisaje cambia y, por su parte, la idea-imagen de santuario permanece intacta.

In Lo Curro, Santiago de Chile, water cascades down through the natural level changes of a hill, to be ultimately retained in a double stone circle; at this point, the water is filtered and afterward distributed for irrigation. Throughout the seasons the landscape changes and the concept of a sanctuary remains intact.

En Kawelluko, la topografía y las ondulaciones de la tierra son expuestas a través de una caída de agua construida con ramas y troncos. Con los pilares de diferentes alturas se puede "medir" la diferencia de nivel del terreno, tapado por la vegetación, para que el visitante sepa que el bosque no es plano. De este modo, se invita a reconocer la naturaleza del lugar.

In Kawelluko, the topography and the natural forms of the earth are exhibited by means of a water-channeling work built with tree trunks. With pillars of different heights it is possible to "measure" the elevation change of the site, otherwise concealed by the plants, and to show to visitors that the landscape of the wood is not flat. In this way, the project invites recognition of the nature of the land.

En el pueblo minero más importante de Calama, se construyó un parque de recreación para los habitantes, algo que parecía imposible en el contexto del desierto. Para poder concretar el proyecto, el suelo incorpora tierras de mayor calidad que permiten la plantación de especies de árboles y arbustos, todos con mínimo requerimiento hídrico.

In the most important mining town of Calama, a recreational park that seemed impossible in the context of the desert was built for the inhabitants. In order to make this project possible, the soil incorporates earth of superior quality, allowing for the planting of several tree and shrub species, all of them with minimum water requirements.

La tierra casi desnuda, preparada para ser trabajada, plantada y regada.
En Tierra Atacama volvieron a plantarse tierras que habían estado abandonadas durante décadas, y luego de procesos de descompactación y cuidados especiales, se transformaron en importantes extensiones de cultivos de producción local, tradicionales y experimentales.

The almost naked earth is ready for work and to be planted and watered.
In Tierra Atacama, land that had been abandoned for decades was planted again, and after a process of soil decompaction and special treatments it was transformed into an expanse of traditional and experimental crops for local food production.